中国教育路在何方

顾明远教育漫谈

人民教育出版社

·北京·

图书在版编目（CIP）数据

中国教育路在何方：顾明远教育漫谈／顾明远著.—北京：人民教育出版社，2016.8（2023.11重印）
ISBN 978-7-107-26674-4

Ⅰ.①中… Ⅱ.①顾… Ⅲ.①教育事业—中国—现代 Ⅳ.①G52

中国版本图书馆 CIP 数据核字（2016）第 187397 号

中国教育路在何方　顾明远教育漫谈

出版发行　人民教育出版社

（北京市海淀区中关村南大街 17 号院 1 号楼　　邮编：100081）

网	址	http://www.pep.com.cn
经	销	全国新华书店
印	刷	北京盛通印刷股份有限公司
版	次	2016 年 8 月第 1 版
印	次	2023 年 11 月第 9 次印刷
开	本	787 毫米 ×1 092 毫米　 1/16
印	张	12.5
字	数	138 千字
印	数	33 001 ～ 36 000 册
定	价	32.00 元

目录
CONTENTS

下 编

上　编

导言 中国教育怎么啦？

有一次我与朋友吃饭，席间一位女士说，她的孩子原在北京市某稍有名气的小学上学，但是发现学校对孩子管得太多，这也不让做，那也不许干，觉得这样下去孩子无法发展，只好转到一所国际学校去了。

现在为了规避上述那样管束学生和考试制度，越来越多、越来越年幼的学生选择出国学习。据统计，留学生人数多年来连续增长，2015年达52.37万人。还有一部分家长不满于现行的教育制度，干脆不让孩子上学校，在家里教孩子读书。更有甚者，湖北一些家长联合起来，把孩子带到穷乡僻壤办起联合家庭学校来。

我们的教育怎么啦？家长对我国教育失去信心了吗？

现在教育竞争已到白热化。社会上补习学校如林，各种培训班如麻。小学生，甚至幼儿园孩子都要送到培训班学习。20世纪90年代我在日本住了几个月，发现街上挂着许多"塾"的牌子，觉得很奇怪。后来日本教师告诉我，这些"塾"都是补习班。日本70%的中小学生都在周日上"塾"补习功课，以便应付考试。所以日本学者称日本教育为"考试地狱"。谁知道回国以后，我发现我国的教育也成了"考试地狱"，也到处是培训班。能不能不让孩子进培训班？不能！家长说："别人家的孩子都上培训班，我的孩子不上，不就输在起跑线上？！"我遇到一位部领导，他坚持不让他的孙子上培训班、补习班,但到了上高二,一摸底考试,不行了,顶不住了,不上补习班,将来考不上大学了,只好赶紧把孩子送去补习。

我们的教育应该怎么办?

我们呼吁减轻学生负担。有人说,这是瞎放空炮,负担怎么减轻得了?教育行政部门硬规定,少留家庭作业。家长不答应,家长增加学生的作业负担。规定说取消奥数班,结果又来一个数学提高班、兴趣班。名称换了,内容没有变。

大家都说高考是指挥棒,但谁都不敢把这根指挥棒扔掉。我有一次在一所大学演讲,批评"应试教育",一个大学生站起来说:"我们就是靠'应试教育'考上了大学,没有'应试教育',我们不一定能上得了大学。"高考要改革,也正在不断地改革。但总是有人质疑,考试门类减少了能选拔人才吗?英语社会等级考试能公平吗?高考文理不分科,怎么照顾学生的差异和爱好啊?学生学业综合评价能公正吗?高校自主招生能公平、透明吗?一大堆疑问困扰着家长、教师和校长。

中国教育路在何方?

新中国建立以来,我国教育有了很大发展,取得了举世瞩目的成绩,这是毫无疑问的,是谁也抹杀不了的。但现在社会上又对现行的教育制度不满意。如何破解这个难题,是大家都在思考的问题。

第一章 ▶▶▶

就教育论教育
能走出教育的困境吗？

　　2007年11月，我在成都市青羊区参加小学生"减负"座谈会。我说要减轻学生过重的课业负担，首先教师要把每一节课上好，让每个学生听懂学会，这样就可以少布置课外作业。其次学校减轻了学生课业负担，家长切不要再增加学生的额外学业负担，不要买那么多课外辅导书，不要上那么多补习班。我说我最讨厌奥数班，奥数班摧残人才。谁想到我话音刚落，一个小学生举手发言，他说："顾爷爷，你说不要上奥数班。但是，不上奥数班就上不了好的初中；上不了好的初中就考不上好的高中；上不了好的高中就考不上好的大学；上不了好的大学，将来毕业就找不到好的工作。我怎么养家糊口啊？"这话出于小学生之口，我听了真是觉得又可笑又可叹。这反映了教育问题的根子并不在教育本身，而是在社会，是社会矛盾在教育上的反映。现在谁不愿意自己的孩子享受更好的教育，将来能够考上大学，考上名牌大学，毕业以后找到一份体面而舒适的工作？虽然现在大学毕业生，甚至研究生就业并不容易，但是总比没有学历的要强得多。父母这种期望是无可非议的，是完全合理的。但是，我国优质教育资源不足以满足所有家庭的需求，所以教育竞争就难以避免。虽然国家明令取消重点学校，也投入大量资金改造薄弱学校，但重点学校已经在社会上生根，在广大的家长心目中生根，家长还是瞄准几所过去的重点学校。于是教育竞争越来越激烈。

教育是社会流动的主要途径，是人们向上流动的最重要的渠道。家长为了子女的前途，再苦也要让子女上优质学校，这样将来才能有向上流动的机会。因此，可以这么说，争夺权力和财富是教育竞争的根源，再加上当前社会分配不公，就加剧了教育竞争。当然还有其他原因，我们在后面要一一分析。但是社会分配不公，就业困难，贫富差距过大，城乡二元结构尚未消除，这是教育出现问题的最主要的根源。要说教育的病理，这是最主要的病理所在。

下面我们来说说其他的病源。

一、"学而优则仕"的文化传统影响着教育

中国文化传统源远流长。中华各族人民勤劳勇敢，不怕困难，不畏强暴，艰苦奋斗，创造了世界上唯一绵延五千多年的中华文明。孔子提倡"学而优则仕"，提倡教育，任用贤才，起到了进步作用。儒家学说把培养"君子"作为教育的主要目标。所谓君子，就是要有"修身、齐家、治国、平天下"的思想和才能。拿今天的话来阐释，就是要培养德才兼备的人才。这种用人制度当然比封建的世袭制前进了一大步，虽然它并不彻底。科举制度在隋代应运而生。这种制度摒弃了世袭制和用人唯亲的弊端，它激励庶民百姓通过学习，进入仕途，促进了社会流动，相对公平，同时又鼓励读书，尊重知识，促进了社会文化建设，是社会的进步。

但是，"学而优则仕"明显存在功利主义思想。由于科举

是封建社会庶族，也即中小地主阶级子弟入仕的唯一途径，而且一举成名天下知，荣华富贵随之而来。所以社会上广泛形成了"读书做官""做官发财"的思想，所谓"万般皆下品，唯有读书高"。宋真宗曾有一首《劝学诗》，诗云：

富家不用买良田，书中自有千钟粟。

安房不用架高梁，书中自有黄金屋。

娶妻莫恨无良媒，书中有女颜如玉。

出门莫愁无随人，书中车马多如簇。

男儿欲遂平生志，六经勤向窗前读。①

《儒林外史》中描写的范进中举的场面，生动地表现了封建社会对科举的狂热追求。

科举制度对中国社会的最大影响还制造了学历主义的价值观。这种功利主义、学历主义价值观一直影响到今天。"读书做官""书中自有黄金屋，书中有女颜如玉"的思想普遍存在。升学的竞争，重视普通教育，轻视职业教育，追求高学历，不是与科举制度的学历主义一脉相承吗？今天的中考、高考与科举考试何其相似。科举考试把知识分子一分为二，考取功名的成为人上人，进入统治阶级；落榜的成为人下人，被人统治。鲁迅笔下的孔乙己不就是科举失败者的悲惨下场吗！今天的中考、高考也相类似，考上的出人头地，可以谋取较好的职业，没有考上的只能生活在社会的底层。据媒体报道，某建筑工地上的一名普通工人，高考的分数比工地上的工程师还要高，但由于地区高校录取分数线的差别，考分低的考上大学的成了白领工程师，考分高的没有考上大学成了最底层的工人。这种落差深

---

① 王炳照著：《中国古代书院》，商务印书馆1998年版，第45页。

深地印在每一个家长的脑海中。

当然，今天社会的工作在人格上应该是没有高低贵贱之分的，但在人们心目中总有高低之别，尤其在物质生活上就有很大差别。这种差别，必然促进教育竞争和考试的竞争。

"学而优则仕"是我国的文化传统，没有人说"学而优则工""学而优则农"。我们的家长认为自己的子女读了书就要当干部，当白领。现在不是出现一种"读大学无用论"的思想吗？它就是"学而优则仕"的思想的另一面，认为读了大学而没有当上公务员或其他白领而是去卖猪肉，读大学还有什么用？

西方社会则没有这种思想观念。比如，德国的孩子在上完四年基础教育后就开始分流了，根据能力和成绩分别升入主要学校、实科学校、文科中学。主要学校即普通初中，学制五年。其学生毕业以后可进入职业基础学校或全日制职业学校，接受三年职业教育。实科学校学制六年。其学生在第八学年开始按学科重点进行分化，毕业后获得"中等阶段证书"，有才能的可在第七学年后转入文科中学，一般再接受一年职业教育后就业。文科中学即完全中学，学制九年。其学生毕业后即有高等学校入学资格。这种分流是完全根据学生的能力而定的，他们的家长并没有因为这种分流而有意见，或者让自己的孩子都上补习班去挤入文科中学。[①]法国的初中学制四年，分三个阶段进行：（1）适应阶段一年，便于小学与中学衔接；（2）中间阶段两年，在实施个别化教学过程中，学生可以根据自身的情况

---

① 王承绪、顾明远主编：《比较教育》，人民教育出版社2013年版，第73—74页。

选修若干课程；（3）导向阶段一年，完成初中学业，开始分流。高中阶段分普通高中、技术高中、职业高中三类。普通高中又分为三科：文学、经济与社会科学、自然科学。技术高中分四科：第三产业科技、工业科技、实验室科技、社会医疗科技。普通高中和技术高中毕业会考文凭获得者，可直接进入大学学习。职业高中为短期中学，学制两年，毕业后就业。[①]美国则大多是综合中学，设学术课程和职业课程，由学生自己选择，毕业以后也有不同的出路。

东方国家则不同，追求升学率、追求名校不只中国很激烈，日本、韩国等也很激烈。这是东方国家较普遍的现象，恐怕不能不说与儒家文化圈的思想传统有关。

"学而优则仕""读书做官"的思想为什么在我国持续存在，根深蒂固？我想这与我国工业化没有完成有关。现代教育是现代生产的产物，工业革命以后才提出普及教育的主张，才需要有文化的技术工人。而我国长期处在小农经济社会，缺乏对技术工人和有文化的农民的需求，过去教育又不普及，能够受到较高教育的人，从学校出来就走入官场。所以人们头脑中总存在"读书做官"的思想。我想，随着我国工业化、现代化的发展，这种观念会逐渐改变。

二、重学术轻技术的传统思想

重学术轻技术的思想是与中国传统文化中培养"君子"的教育目标相一致的。君子是具有高深学问的人，是劳心者而不是劳力者，是不从事体力劳动的。技术掌握在劳动人民的手里，

———————

① 王承绪、顾明远主编：《比较教育》，人民教育出版社2013年版，第63—64页。

但君子认为这是雕虫小技，不屑一顾。以儒家学说为核心的中国传统文化只重视伦理道德，不重视科学技术。《礼记·王制》说："凡执技以事上者"，"不与士齿"，"作淫声、异服、奇技、奇器以疑众，杀"。孔子就不谈技术，连种田他都不谈。毛泽东在《青年运动的方向》一文中曾经批评过孔子不要学生参加劳动。他说："孔子办学校的时候……不喜欢什么生产运动。他的学生向他请教如何耕田，他就说：'不知道，我不如农民。'又问如何种菜，他又说：'不知道，我不如种菜的。'"①语出《论语·子路》，原文是这样说的："樊迟请学稼。子曰：'吾不如老农。'请学为圃。子曰：'吾不如老圃。'樊迟出。子曰：'小人哉，樊须也！上好礼，则民莫敢不敬；上好义，则民莫敢不服；上好信，则民莫敢不用情。夫如是，则四方之民襁负其子而至矣，焉用稼？'"这和孟子说的"劳心者治人，劳力者治于人"不是一样吗？古代墨家和名家是重视科学技术的，但是在当时就未成为主导思潮，自从汉武帝独尊儒术的政策施行之后，墨家和名家更丧失了应有的地位。少数知识分子也从事过科学探索，例如东晋道家葛洪，曾经研究医学、兵法、天文；明代李时珍潜心研究药学，撰写了《本草纲目》，对我国的中医药学影响很大；明末徐霞客走遍中国山山水水，对地理学做出了很大贡献。但这些仅限于少数知识分子，而轻视技术的思想却已成为主导思想。

　　我们常常从出土文物中看到，我国古代已有很高的冶炼技术、制陶瓷的技术，哀叹怎么后来都失传了。我想原因是：一方面，统治阶级垄断了这些技术，产品只供朝廷享用，不让在

---

①《毛泽东选集》第2卷，人民出版社1991年版，第568页。

民间流传。例如，新中国建立后在江西出土的官窑，发现许多成品都被砸碎掩埋了，就是因为当时的朝廷不让这些专利品流传到民间。制窑的技术当然更不让流传。另一方面，学校教育不传授这些技术，并且蔑视技术。知识分子不去总结这些技术，因而缺乏典籍文献流传下来。一旦掌握技术的工匠过世，他的技术也就终结，不能流传于后世。

李约瑟在编纂《中国科学技术史》时就提出，中国历史上曾经创造出辉煌的技术，为什么近代科学没有在中国产生？这就是我们通常说的"李约瑟难题"。我想，近代科学未能在中国产生，应该说与这种轻视技术的传统思想和传统教育制度有关。

由于重学术轻技术的思想，再加上我国没有经过资本主义阶段，工业不发达，所以我国职业教育很不发达。在老百姓的思想里，总觉得职业教育低于普通教育，职业学校的学生似乎也就低人一等。因而职业院校每年都招不满学生，而普通大学都像千军万马过独木桥。

三、攀比文化助长了教育竞争

在朋友圈里常常会遇到一种现象，朋友聚会的时候，总要谈起各自的孩子。有的家长谈到自己的孩子考上了清华大学或北京大学，表现出无比自豪的样子，另一些家长就会流露出羡慕的眼光。

攀比是教育竞争的推手，所谓"不能输在起跑线上"。但是"起跑线"在哪里？每个孩子的"起跑线"是一样的吗？现在许多家长把"起跑线"设到幼儿园，甚至更早。但是儿童成长是有规律的，而且有一定的阶段性。超越儿童发展的阶段性，不仅不能促进儿童的成长，反而会损害他的成长。我国古时候就懂得这个道理，即不能"揠苗助长"。同时，儿童生来是有差异的，用一种模式去塑造他，必然会抑制、扼杀他的特长，所以古代就强调"因材施教"。古代的教育著作《学记》就讲道："使人不由其诚，教人不尽其材，其施之也悖，其求之也佛。"就是说教师要了解学生的学习情况，了解他们的优势和劣势，根据不同的情况指导他们的学习，否则就不会成功。《学记》又说："学者有四失，教者必知之。人之学也，或失则多，或失则寡，或失则易，或失则止。"就是说，教师要了解学生学习有四种失误：或者贪多，或者不求进取，或者学得太少，把学习看得太容易，或者遇到困难即停止。这里都是对教师说的，也是对家长说的。家长要了解孩子的情况，顺其天性，因材施教。

要知道，每个儿童的"起跑线"是不同的。刘翔和姚明的"起跑线"能一样吗？运动员都尚且如此，不同专业的"起跑线"更是不同。现在许多父母不管儿童发展的阶段性，不考虑儿童的差异，从幼儿园就开始让孩子上培训班，盲目地给儿童加重学习负担和压力，不仅不能让儿童健康地成长，而且会抑制他们的特长，滋生孩子的厌学情绪，反而影响他们的正常发展。《光明日报》曾报道了这样一个案例："小倩（化名）原本成绩平平，父母为了让小倩能上重点初中，从小倩四年级开始着手准备，为了及早'占坑'，孩子休闲活动时间几乎被奥数、英语以及各类补习班占满了。经过了无数次'选拔'，加上爸爸托朋友、找关系，并花了一笔不菲的赞助费，小倩终于进入了某重点中学的实验班。但孩子初中生活的艰难，却让小倩的父母始料未及。进入重点中学实验班的学生大多是各小学的'尖子生'，小倩时时能感受到来自同学的压力。此外，重点中学课程进行得特别快，小倩跟不上课堂节奏，常常听不懂。每月一次的'月考'更是令小倩丢尽了面子，无论小倩自己怎么努力，排名永远处在倒数前几名的位置。初二时，小倩彻底对自己失去了信心。每天一睁眼心情就不好，晚上睡不着，经常做噩梦，最后连学都上不了了。父母实在没办法，想让孩子转学，但小倩又不同意，说'那多没面子，好像是被学校淘汰的'。小倩的父母左右为难，悔之晚矣。"[1] 这个例子充分说明，如果不考虑孩子的具体情况，盲目跟风，后果不堪设想。

家长要找准孩子的"起跑线"，就要了解孩子的优势和劣势，扬长避短，不要与别的家庭攀比。其实，这种攀比一般发生在知识分子、富裕家庭中，社会底层的老百姓较少有攀比心理，也没有条件去攀比。我每个月去附近最普通的理发店理发，理发师的孩子要考大学了。我问她："你的孩子准备考什么大学？"她回答说："像我们这样的家庭，孩子能考个学校有学上，将来有个手艺有个工作就行了。"知识分子是有理性的，在孩子的教育上真应该向普通劳动者学习。

现在不仅家长有严重的攀比心理，学校也在攀比。重点中学已经不是比一般的升学率，而是比升入清华大学、北京大学的升学率，比升入"985"大学的升学率。所以我说，攀比之风不解决，中国只需要办两所大学——清华大学、北京大学就行了。

---

① 林红：《"小升初"，家长孩子都需越道心理"坎儿"》，《光明日报》2010年8月30日。

四、社会用人制度的学历主义

社会用人制度对于教育有着重要的导向作用。目前，我国劳动就业市场竞争十分激烈，用人单位不是考察应聘人的能力，而是看他的学历。因此，学历、名校往往被作为用人单位衡量个人基本素质和能力的最重要的指标。许多单位有的工作本来很平常，例如秘书等行政事务工作的岗位，大学本科生或者高职学校的毕业生就可胜任，但招聘的时候提高学历，要求硕士研究生或博士研究生。更有甚者，不仅要求高学历，而且要"查三代"，审查你的本科是在哪类学校毕业的。"211"学校、"985"学校的毕业生就占了极大的优势。劳动力市场上的学历歧视、性别歧视、身体歧视比比皆是，这种社会用人制度极大地刺激了升学、升名牌大学的竞争，恶化了教育环境。

链接

招聘季强势到来，22日在中山大学南校区再上演本科生专场。在招聘会上，某公司在展位前展示薪资标准时，将应届毕业生就读的院校分为普通院校、重点院校、"211"工程院校、"985"工程院校，以及清华、北大、电子科大等五个梯度。以本科生为例，普通院校毕业生起薪为5 000元，之后每级别增加1 000元，给清华、北大的本科生开出9 000元月薪；研究生每一个级别相差2 000元底薪。这被不少大学生吐槽"歧视"太严重。

（摘自《新快报》2014年11月21日）

五、评价考试制度的指挥棒

有专家给教师培训讲课，教师的反映是：你讲的内容都很好，理念很先进，但我们在下面做不到；评价制度不改革，教育改革难以进行。

评价考试制度是评价人才，选拔人才的重要手段。新中国建立以后不久，就实行高等学校统一考试招生制度，同时为了便于工农兵上大学，采取了"调干"制度，从工农兵干部调集一些优秀分子送到大学学习。这种考试招生制度一直延续到"文化大革命"前。"文化大革命"中取消一切考试，1973年高校恢复教学工作，招生采取"群众推荐、领导批准和学校复审相结合"的办法。于是走后门成风，全社会弥漫着"读书无用论"的思想。"文化大革命"结束后，1977年8月邓小平提出恢复高等学校入学考试的主张。这一举措把"读书无用论"的乌云一扫而光，从此中国的大地上重新响起了琅琅的读书声。

恢复高考为我国社会发展做出了巨大贡献，但实施三十多年来，它的缺点和弊端也逐渐显现出来。考试作为选拔人才的手段，具有公正性、公开性的特点，但它的缺陷也是明显的。首先，一次考试很难考出学生的真实水平，"一考定终身"使得一些真正有才能的学生，可能因为一次失误而遗恨终生；其次，它对教育起到制约作用，容易束缚学生的思想，把他们的学习束缚在应对考试的轨道上；最后，由于我国地区发展差异很大，采取全国统一考试的办法，而各省份录取的分数线又不同，易造成地区间的不公平。随着考试竞争愈演愈烈，"应试教育"应运而生。为了追求升学率，许多学校让学生在两年内学完高中三年的课程，第三学年围绕着高考反复练习做题。有的学校提出，学生拿到考卷要"一看就会，一做就对"；有的学校采用军营式管理，不让学生有自由喘息的时间。更有甚者，某校把"生时何必久睡，死后自然长眠"这种反人道主义的口号贴到教室黑板的上方。这些做法，不是培养人才，而是训练考试的机器。

这种考试的竞争实际上也是社会竞争的反映。近几十年来人们对高考招生制度的诟病很多。特别是一线的校长和教师，认为高考不改革，素质教育无法推行。但大家又认为，高考不能取消，这是唯一体现教育公平的举措，只是必须改革。国家关于评价考试制度的改革方案已经出台，方案中有不少亮点，但实施过程中还会出现许多问题，其效果还需实践的检验。

不只是考试制度制约着教育改革，社会的评价也严重影响着学校教育。什么是好学校？什么是好老师？什么是好学生？现在评价只有一个标准，就是升学率，就是考试成绩。一切事情都是用唯分数主义来衡量。

六、升学率成了地方政府的政绩工程

在一次教育座谈会上，一位据称素质教育示范市的特级教师含着泪水诉说，她那里，去年高考成绩不差，市委书记就宴请教育部门的干部，一面表彰他们的成绩，一面说明年高考还应比今年更好。教育部门的干部和校长如坐针毡，宴会变成了鸿门宴。

各地政府都把升学率作为自己的政绩，不少地方政府把考试成绩、升学率作为评价学校和教师的标准。有的重点学校高考成绩不如往年，校长立马就会调离岗位。当然政府官员也受到家长的压力，怕升学率下降了家长不满意，也怕丢乌纱帽。"应试教育"就是这样被逼出来的。

2014年，北京师范大学免费师范生工作两年以后回来读教育硕士专业研究生，他们反映在北京师范大学学到的先进教育理念和教学方法在地方上无用武之地。校长不欢迎什么新方法，考试成绩高就好，县市领导更是这样。

另外，大家可以统计一下，全国两千多个县市，有多少教育局长是教师出身的？当然不是说，不是教师出身的就不能当教育局长，问题是他热爱不热爱教育，是不是努力学习教育规律，是不是尊重教师。可以说，不少教育局长是在做官，不是在做教育，把当教育局长作为晋升的跳板。有时还对教育瞎指挥。如此，教育领域出现诸多问题就不足为奇了。

七、社会诚信的缺失影响教育改革

有人说，"文化大革命"十年贻误了一代人，少培养了几百万名专门人才。其实何止一代人？从思想品德、心理状态来讲，"文化大革命"的影响几代人都难以消失。社会诚信的缺失就是"文化大革命"最严重的后遗症。前几天我读《国语》，读到"邵公谏厉王弭谤"一节，其中有一句话叫"国人莫敢言，道路以目"。①我一下子就想起"文化大革命"时的情境。那时学生暴打老师，儿子揭发父亲，妻子揭露丈夫，人心惶惶，六亲不认，走路怕见到熟人，生怕因自己"有罪"而连累别人，所以只能"道路以目"。那时人性被扭曲，互相不信任。"文化大革命"以后经过拨乱反正，思想解放了，人际关系宽松了，但人们至今心有余悸。再加上市场经济带来的功利主义，造假制假成风，社会诚信缺失。这种社会风气严重地影响着教育工作。过去，师生如父子，亲密无间；现在，师生是考试分数的关系，学校和家长是商品交换的关系，互相缺乏信任感。特别

①《国语·邵公谏厉王弭谤》讲述厉王暴虐，致百姓有意见，邵公劝谏说老百姓生活不下去了。但厉王不听，对朝廷不满的就杀，结果谁也不敢说话。

是家长对学校的一些改革，缺乏信任，缺乏支持。

教育上一有改革，媒体首先质疑。前几年试行校长实名推荐，媒体马上质疑，会不会暗箱操作？某些学校的腐败更增加了对高校自主招生的质疑。

社会风气的变化使我真正理解"十年树木，百年树人"这句话的意义。种一棵树十年即能成材，但养成一种良好的社会风尚，需要几代人的努力，一旦良好的社会风尚被破坏，恢复过来也需要几代人的努力。所以社会诚信缺失的危害之深是难以估量的，再加上中国是一个人情社会，人们讲人情，讲互相照应，使得教育改革特别是评价考试制度的改革步履艰难。国外高校考试招生制度改革有许多经验值得我们借鉴，但搬到中国就行不通。例如国外高校入学需要学生自己申请，撰写几百字的申请书介绍自己，中国学生能做到吗？学校规定学生要参加一定课时的义工，我们有些家长不仅不让孩子参加什么义工，还会拿着纸条请居委会盖章。据报载，这种情况让一位居委会主任很为难，盖章吧，觉得明明是弄虚作假，不盖吧，都是乡里乡亲，磨不开面子。这就是中国的"国情"。

八、教育培训机构与教辅材料的推波助澜

教育的竞争导致校外教育培训机构和教育辅导材料、学习辅导材料乱象丛生。不少不法商贩看准了教育领域内的商机，知道家长不惜为孩子花钱，办起各种培训班、辅导班。据说奥数班就是一条生产链，有办班的老板，有辅导的教师，有编教材的专家，有出版商出书、出练习册。有人估计，就北京市来说，就有20亿元资金链。而我们的家长也趋之若鹜，辅导材料买得越多越好，越全越好，恨不得把天下所有习题都让孩子做

一遍，生怕遗漏了什么。结果苦了孩子，整天埋头于作业之中。有关调研表明：小学生请家教的占24％，上补习班的占71％，有的学生参加多达五六个补习班；高三和初三毕业班学生暑假大半时间在学校或补习班上课。这种学习导致中小学生长期睡眠不足，许多学生早上五点多起床，晚上十点多才能睡觉，于是身体搞坏了，生活能力缺乏了，人格被扭曲了。

　　说起奥数班，我还是始作俑者。国际数学奥林匹克竞赛在20世纪70年代就开始了，但我国一直没有参加。直到1988年，我国决定参加，于是当时国家教委要求清华附中、北大附中、北师大实验中学分别举办物理、化学、数学的奥赛集训班，从各省份高中挑选学习优秀的学生到北京三所附中来集训。当时我任北京师范大学副校长，负责附中工作，于是就让我们的附属实验中学办数学奥林匹克竞赛集训班，一年后参加国际奥林匹克竞赛。竞赛结果是，我国学生在三科中都拿到了多块金牌，数学就拿到了团体总分金牌和两块个人金牌。这些孩子回国后，就被清华、北大作为保送生录取了。从那时候开始，许多重点中学都办起了奥林匹克竞赛培训班。重点大学也把奥林匹克竞赛培训班的成绩作为保送的条件。于是奥数成为中考、"小升初"的条件，结果变成了小学办奥数班，人人学奥数，贻误一代青少年，这是我们始料不及的。当初我们几位搞集训班的老师在一起，为现在这个局面惊叹不已。

九、教育社会生态环境不利于教育改革

　　社会赋予学校的责任太重，责难太多，而权力又很小。一位校长给我讲了一个故事，学校组织运动会，让家长也参加。在比赛之前，父子俩做三脚跑练习，不慎跌倒了，结果父亲骨

折。这位父亲就要求学校赔偿。法院判学校没有责任，但要补偿8万元。学校觉得无奈。他说，小学生在学校走路跌倒了，磕了门牙，学校要赔5 000元。所以学校不愿意组织学生活动，风险太大。现在学校没有人事权，没有财务权，却担负着无限责任，使得学校缩手缩脚，不敢改革创新。再加上社会媒体总是报道学校的负面消息，虽然只是个案，但对学校的影响很大。许多学校为了不出安全事故，连春游远足也不敢组织，不敢开展体育活动。国家应该立学校法，规定学校该负什么责任，不该负什么责任。

另外，家长的意见、态度对学校教育影响也很大。过去学校是最受家长尊重的地方，现在家校关系和谐的是少数，家长对学校缺少信任感。有些家长把孩子送到学校就不管了，特别是把孩子送到民办学校的家长认为："我出了钱，你就得按我的意见办。"有些家长常常给学校提出一些不合理的要求，对学校的干扰很大。有人说，我们现在的教育不是按照教育规律办，而是由媒体牵着走，被家长"绑架"着走。教育上稍有改革，有些家长就反对，媒体就质疑，弄得学校不敢动，只能因循守旧。让学生死读书，什么问题也不会发生，但苦了学生，贻误了学生的发展，有损于人才的培养。

另外，有些家长对孩子灌输一些不正确的观念。有的家长溺爱孩子，养成孩子的自我中心，如只顾自己，不关心他人；有的家长当着孩子的面与老师争吵；有的家长为孩子争取当"三好生"、班干部给老师送礼、施压；等等。我越来越觉得家庭教育很重要。没有良好的家庭教育，光靠学校是很难培养出高素质人才的。

其他一些社会环境，如媒体上的不健康节目、社会上的不文明风气、学校周边的环境都在影响着学校教育。

可见，教育的病理不在教育，教育的病源也不在教育本体。教育的病是社会病的征候，"应试教育"是社会逼出来的。教育的生态环境过于恶劣，教育难以作为。现在教师觉得无奈，家长也觉得无奈，大家对教育是又爱又恨，都在责怪教育。但病源却不在教育，就像一棵树一样，在肥沃的泥土里会长得很茂盛，但如果水土不服，树枯死了，你能怪树种不好吗？20世纪80年代我到广州，看到那里种的米兰又茂又香，非常喜欢，买了两株带回北京。但两株米兰没过几天就枯死了，因为南方潮湿，北方干燥，水土不服。你能怪米兰本身不好吗？

现在大家诟病教育，是教育本身不好吗？是广大教育工作者不努力吗？要改善中国的教育，就要给教育提供良好的生长土壤、优越的生态环境。为此不由地使我想起九十多年前鲁迅在北京师范大学附中的讲演《未有天才之前》。鲁迅说："天才并不是自生自长在深林荒野里的怪物，是由可以使天才生长的民众产生的，长育出来的，所以没有这种民众，就没有天才。"他认为，要有天才，必须有"培养天才的泥土"。我们今天的教育就需要有优良的泥土和泥土精神，社会应该给予它良好的生态环境。

我还想说，教育中出现教育公平问题，人们对教育有意见，这是社会进步的表现，是教育发展中的问题。大家想想，当教育还是精英教育阶段，只有少数孩子能上学的时候，大众对教育哪有那么多意见？正是教育普及以后，大家都想让孩子上好的学校，得到更好的发展，才出现教育公平问题、质量问题，才对教育提出了许多意见。正是这些意见促使我们来反思，来改革。

第二章 ▶▶▶

教育本身
没有责任吗？

　　前面我们分析了影响教育的各种社会、思想根源。那么，教育本身就没有问题吗？教育本身就没有责任吗？当然不是。教育本身的问题是在于屈从于社会的各种压力，教育被扭曲了，被异化了，没有自己的"人格"了。《国家中长期教育改革和发展规划纲要（2010—2020年）》（以下简称《教育规划纲要》）指出："我国教育还不完全适应国家经济社会发展和人民群众接受良好教育的要求。教育观念相对落后，内容方法比较陈旧，中小学生课业负担过重，素质教育推进困难；学生适应社会和就业创业能力不强，创新型、实用型、复合型人才紧缺；教育体制机制不完善，学校办学活力不足；教育结构和布局不尽合理，城乡、区域教育发展不平衡，贫困地区、民族地区教育发展滞后；教育投入不足，教育优先发展的战略地位尚未得到完全落实。接受良好教育成为人民群众强烈期盼，深化教育改革成为全社会共同心声。"可见教育本身也存在许多问题，需要改革创新。正如《教育规划纲要》指出的，改革创新是教育发展的动力。教育必须改革，还原自己的本真。下面我们来列数一下教育的弊端和失误，以便对症下药，使改革取得成效。

一、长期以来缺乏对教育本质的认识

教育的本质是什么？长期以来人们认为教育是阶级斗争的工具，是无产阶级专政的武器。"文化大革命"中教育甚至沦为"四人帮"政治斗争的工具。"文化大革命"以后，大家进行反思。1978年，时任中国社会科学院副院长的于光远首先对教育是上层建筑的提法提出质疑。他在一次教育座谈会上说，教育这种现象中，虽含有上层建筑的东西，但不能说教育就是上层建筑。他的有关讲话后来形成文章《重视培养人的研究》，发表于《学术研究》1978年第3期。由此，"教育本质"的讨论就在全国教育界迅速展开。这次讨论延续了十多年。据瞿葆奎在《中国教育学百年》一书中载，讨论以《教育研究》杂志为主论坛，自1978年至1996年全国各类报刊发表讨论的文章约三百篇之多。

名谓"教育本质"的讨论，实际上大多数文章谈到的是教育的本质属性问题。有多种观点："生产力说"与"上层建筑说"之辩、"双重属性说"与"多重属性说"之辩、"社会实践活动说"与"特殊范畴说"之辩、"生产实践说"与"精神生产说"之辩、"社会化说"与"个性化说"之辩、"培养人说"与"传递说"之辩、"产业说"与"非产业说"之辩，等等。[①]但这些观点几乎都没有脱离教育工具论的藩篱。关于"教育本质"的讨论，实际上是对教育价值和功能的反思。新中国建立以来一直到"文化大革命"结束，教育一直被视为上层建筑、"无产阶级专政的工具"。也就是说，教育的功能主要是为政治服务。十一届三中全会上中央决定摒弃"阶级斗争为纲"的提法，

---

① 瞿葆奎主编：《元教育学研究》，浙江教育出版社1999年版，第401—402页。

提出以经济建设为中心，实现四个现代化。要搞经济建设，科学技术是生产力，教育是培养人才的基础，那么，教育有没有为经济发展服务的功能？还有没有其他功能？必然会提出这样的问题。1979年4月，中国教育学会成立时，我担任北师大教育系系主任兼外国教育研究所所长，我们在会上提交了一篇文章《工业化国家经济发展与教育》，文章是我执笔的，文章分析了第二次世界大战以后教育与经济发展的关系。文章最后有一段话："关于教育的性质和职能问题。教育作为社会现象，无疑是受一定社会的政治和经济所决定的。但是过去我们把它的性质和职能看得过于狭窄，以为教育主要是培养统治阶级的接班人或者是他们所需要的奴仆，因而把教育单纯地看作上层建筑。教育理论工作者只研究教育作为阶级斗争的工具这一个方面，而对教育和国民经济的关系、教育与生产劳动的关系漠不关心。"文章又说："今天我们看一看工业化国家经济和教育发展的情况，给我们教育理论工作者打开了眼界。教育范畴有一部分属于上层建筑，但它不完全是上层建筑，它与生产有许多方面有着直接的联系。在现代科学发展的时代里，劳动力的再生产要依靠教育，把科学技术成果转移到生产过程中去要依靠教育。教育已经作为潜在生产力在起作用。"[1]1980年我在北京市高等学校干部暑期学习班上又提出："现代教育是现代生产的产物，教育与生产劳动相结合是现代教育的普遍规律。"并于1991年在《高等教育学报》第1期上发表了《论在社会主义条件下教育同生产劳动相结合的必要性和可能性》一文。但这篇文章受到严厉的批评。批评者在文章中尖锐地指出："西方一

---

[1] 顾明远著：《思考教育》，首都师范大学出版社2008年版，第10—11页。

些资产阶级学者，正是利用两种制度都注重教育与生产劳动相结合这一表面现象，得出21世纪将是'教育的世纪''学习化的社会'的结论。"并上纲上线地说："这不仅阉割马克思主义教育与生产劳动相结合的实质，而且成为资产阶级'和平演变'社会主义的烟幕，对此我们必须以阶级与阶级分析的态度相对待。"你看，帽子扣得多大！恕我这里不注明什么杂志、什么人写的了。因为这不重要，那是那个时代的烙印，我想他们现在也已经转变了观念，会有另一种认识。

其实，1985年《中共中央关于教育体制改革的决定》已明确提出"教育必须为社会主义建设服务，社会主义建设必须依靠教育"，使得我国教育事业发展明确了方向，重新走上了正常的轨道。这是思想解放的伟大成果，也是教育价值观的巨大转变。

但是这种对教育的认识仍然强调教育的社会功能，是从"工具理性"出发来理解教育，忽视人的发展的功能，忽视了教育是人的基本权利。教育有上层建筑的属性，但教育为政治服务也好，为经济建设服务也好，都要通过人的个体的发展。但教育界"以人为本""人的发展"的思想一直受到批判。直到党的十六大以后，"以人为本"的思想才逐渐被官方引用，为教育界所共识。

教育是什么？教育是传承文化、创造知识、培养人才的活动，是人类得以繁衍、发展的基础。人类要生存，就要向自然界索取物质资料，满足衣食住行的需要；人类要延续，就要生儿育女，让种族延续；人类要发展，就要传播先辈的生存经验、社会经验，帮助年轻一代发展，这就是教育。人类进入文明社会以后，教育当然要为整个社会的发展服务，社会发展了，个体才能发展。但是反过来,也只有作为社会成员的个体得到发展,才能为社会服务,社会才能发展。马克思、毛泽东、瓦特、爱因斯坦、乔布斯,不就是他们这样的伟大人物改变了世界吗?因此,个体发展是第一位的,是每个人生存发展的权利,是社会发展的基础。

教育是每个人的权利,更是儿童发展的权利。1989年11月20日,联合国第44届大会通过第25号决议《儿童权利公约》。《儿童权利公约》明确提出,儿童(至18岁)具有生存权、受保护权、发展权、参与权。发展权指充分发展儿童全部体能和智能的权利,儿童有权接受正规和非正规教育,以及有权享有促进其身体、心理、道德和社会发展的生活条件。《儿童权利公约》宣布,"应以儿童的最大利益为一种首要考虑",从而确立了"儿童第一"的原则。

但是,长期以来教育界没有这种"儿童第一"的思想。我们的教育很少考虑儿童的需要,而是把成人的意愿强加于他们,忘记了促进儿童自我发展这个最根本的目的。学校为了自己的荣誉,片面追求升学率,很少考虑学生体能和智能的发展;家长为了孩子能够考上名牌大学,只顾孩子的知识学习、考试成绩,不考虑培养孩子的健全人格;政府官员只考虑自己的政绩而不顾学生的成长;一些社会教育机构为了赚家长口袋里的钱,只顾拿没有用的知识去充塞孩子的头脑。可以说大家只看到眼前的利益,谁也不认真思考一下儿童将来的前途。儿童处于被教育、被学习的状态。这不能不说是教育本身的病症。

2015年11月,联合国教科文组织发布了其建立70年以来的第三份教育报告:《反思教育:向"全球共同利益"的理念转

变？》。①该报告说，要重新定义教育、知识、学习，并提出
"将知识和教育视为共同利益。这意味着，知识的创造及其获
取、认证和使用是所有人的事，是社会集体努力的一部分"。因
此"重新界定教育和知识的概念，将其作为全球共同利益"。②
该报告在摘要中说，本文件受到人文主义教育观和发展观的启
发，"以尊重生命和人类尊严、权利平等、社会正义、文化多样
性、国际团结和为创造可持续的未来承担共同责任为基础"。③
这些新的理念无疑使我们对教育的本质有新的认识。

二、人才观、质量观、学生观的误区

教育是促进儿童发展的主要途径。儿童发展是有规律的，
教育活动也是有规律的。就儿童本身来说，天赋素质有区别。
一般儿童的智商是100，超常儿童的智商可达120—130，智障
儿童的智商只能达到70—80。当然智商测量是否科学，也有疑
义，不一定说明问题，但大家都承认人的天赋是有差异的。按
照心理学家加德纳的多元智能理论，人人都有8种或者9种智
能，但是智能的结构是不同的。就拿人的思维品质来说，有的
人逻辑思维比较强，有的人形象思维比较好；有的人思维敏捷，
有的人思维迟缓；有的人思维开阔，有的人喜欢钻牛角尖；等
等。如果用一种模式、一种标准去培养学生，很难取得圆满的
效果。从教育学来说，教育要遵循儿童身心发展规律，根据不

---

① 前两份报告为1972年发布的《学会生存——教育世界的今天和明天》
（简称《富尔报告》）和1996年发布的《教育——财富蕴藏其中》（简称《德洛
尔报告》）。

②③《反思教育：向"全球共同利益"的理念转变？》，联合国教科文组
织2015年版，第11、9页。

同儿童的特点、特长、爱好因材施教，才能获得成功。

从儿童生活的环境来说，差别也很大。生活在农村的儿童与生活在城市的儿童所处的环境大不相同，生活在东部沿海地区与生活在边远地区的儿童的环境有天壤之别。教育必须考虑到这种不同的因素，因地制宜，提供不同的条件，才能促进儿童的健康发展。

我有个同事的孩子在中学时表现不好，被老师认为是"差生"，在国内考上大学根本没有希望。后来他跟着父母出国了，现在发展得很好。换了一个环境，不是用一个标准去要求他，他就能得到自由的发展。所以前些年，为了逃避国内的高考，不少成绩差的有钱人家的孩子被送到国外去留学。

人的天赋不同，生活环境不同，因此评价人才的标准也不能一样。什么叫人才？人们往往把人才和天才混淆起来，尤其是许多家长，总认为自己的孩子是天才。我认为，热爱祖国、诚信做人、勤奋工作，为社会做出一定贡献的就是人才。天才是人才中杰出者，有重大发明创造，为社会做出突出贡献者，少数人才能达到。因此，要树立正确的人才观，树立人人都能成才，培养多样化人才的人才观。一所好学校要关心每个学生的成长，不是只关心少数天赋好的学生。党的十八大提出，"立德树人，是教育的根本任务"。立德树人，就是把学生培养成德才兼备的人，培养有品德的合格公民。一所学校如果能把每个学生培养成有品德的公民，就是一所好学校。但是，我们许多学校眼睛只盯着所谓杰出校友。许多学校校庆印制宣传纪念册子，头几页总是领导的照片、题词，然后是所谓杰出校友，普通劳动者没有位置。杰出校友固然值得学校骄傲，但普通校友却是学校的主要成果，难道不值得学校重视吗？前面讲到，人是有差异的。但是我国的教育长期以来曾高度统一，即全国一套教育计划、一套教学大纲、一套教材。虽然新的课程改革在统一性的基础上有了灵活性，有了地方课程、校本课程开发的空间，但评价考试是统一的。统一的培养目标难以培养出有个性的人才。我们家长都期望自己的孩子成为天才，于是从小强迫孩子学习，"不要输在起跑线上"，造成人为的、无序的教育竞争，最后受伤害的是儿童，是我们民族的未来。

什么是教育质量？教育方针说，要培养学生在德智体美诸方面得到全面发展。但现在从地方政府领导到学校教师、家长都认为升学率就是质量，考试成绩就是质量，与教育方针的要求背道而驰。人们的质量观不改变，我国的教育难有起色。说穿了，这种质量观其实是功利主义的产物，以本身的利益为标准，不是以人为本，以学生为本。这是教育本身的病源，当然也有其社会基础。

什么叫好学生？有一次我到某小学参观，一进校门就看到学校的宣传板上贴着十佳少年的照片，其中9名是女生，只有1名男生。他们是用什么标准评选出来的？我想无非是学习成绩优秀，恐怕最大的成分还是"听话"。男生比较顽皮，女生比较听话，容易受到老师的青睐。这对男生来讲极不公平，也不利于男生的发展。这使我想起，1986年我到哈尔滨参加黑龙江比较教育研究会成立大会时碰到的一件事。会议期间，黑龙江大学的一位教授就批评当时的教育，他说："现在的教育埋没男孩子的天分。男孩子发育比女孩子晚，又调皮，功课不如女孩子，等到他到初中觉悟过来，已经没有可能上好学校了。"几十年后的今天，中国青少年研究中心的孙云晓等不是写了一本《拯救男孩》的书吗？这就涉及教师的学生观，什么是好学生？

不是按教育方针来要求，不是按创新人才来要求，而是按考试成绩、听话不听话、教师个人的好恶来要求。这种学生观埋没了大批有胆识、有创新精神的人才。

更有甚者，把学生分成三六九等，学生争当干部，有的家长也用各种手段帮着孩子当"三好学生"、学生干部，给学生灌输一种优越感、高人一等的思想。这种思想很不利于学生的成长。

链接

当了三年班长，四年级时"官帽子"没了，蝉联了三年的"三好生"荣誉也没了，这曾让江苏省镇江市润州区实验小学四年级学生谭晓东郁闷了好一阵。

"不是我犯错了，是学校取消班干部了。"他向爸爸、妈妈解释说，"我现在和大家一样，都是志愿者。"

做了一年的志愿者后，谭晓东的郁闷情绪早就"一扫而光"，甚至还感到十分自豪："以前我当班长是管人，现在是帮助别人，我和同学的关系比以前好多了。"

自去年初开始，镇江市润州区教育局开始在辖区内中小学开展德育领域综合改革，改革班主任制度、班干部制度、"三好生"制度，对好学生重新定义。

（摘自《中国青年报》2014年4月13日）

这样的改革才能培养出将来为人民服务的公务员，而不是以权力为中心的贪官污吏，值得提倡推广。

学生在教育过程中处于什么地位，是学生怎样成长的关键。我国传统教育常常把学生放在被动接受教育的地位，学生缺乏学习的主动性，更没有学习的选择权。这样的学生观必然会影响到人才的培养。我曾经写了一篇文章《学生既是教育的客体，又是教育的主体》，发表在《江苏教育》1981年第10期上，没有想到它引起了学术界的一场争论。主张传统教育的人认为，教师要起主导作用，学生怎么能是教育的主体？他们认为，学生只能接受教育，不能站在主体地位。这场争论持续了十几年。1991年我再次撰文《再论教师的主导作用和学生的主体作用的辩证关系》，发表在《华东师范大学学报（教育科学版）》1991年第2期上。在该文中，我说明强调学生的主体性并不否定教师的主导作用，教师的主导作用恰恰在于要启发学生的主体性。争论了十几年，这一观点现在似乎被广大教师在理论上接受了，但在教育实践中还未能真正做到。

这些陈旧的人才观、质量观、学生观，不能不说是教育本身的病根。

三、轻视职业教育的制度设计

我国教育制度设计上一个很大的缺陷是轻视职业教育。新中国建立初期的新学制是比较重视职业教育的。当时我们学习苏联的教育，专门建立了职业教育的体系。1951年8月10日政务院第97次政务会议讨论通过了《关于改革学制的决定》，颁布了中华人民共和国新学制图（见图2-1）。新学制中职业教育包括培养熟练工人的技工学校、培养初级技术人员的中等专业学校、培养高级技师的高等专科学校，以及培养工程师的高等专门学校和大学。这些职业学校培养了大批熟练工人和技术人员，为新中国建立之初的建设做出了巨大贡献。在"文化大革命"中期的1970年，北师大全体师生都被下放到北京房山燕山脚下去建"东方红炼油厂"。我在劳动中遇到几位中专毕业的技术员,很佩服他们的技术和智慧。20世纪60年代初期我国在农村还创建了一批农业中学,为普及农村教育起到重要作用。

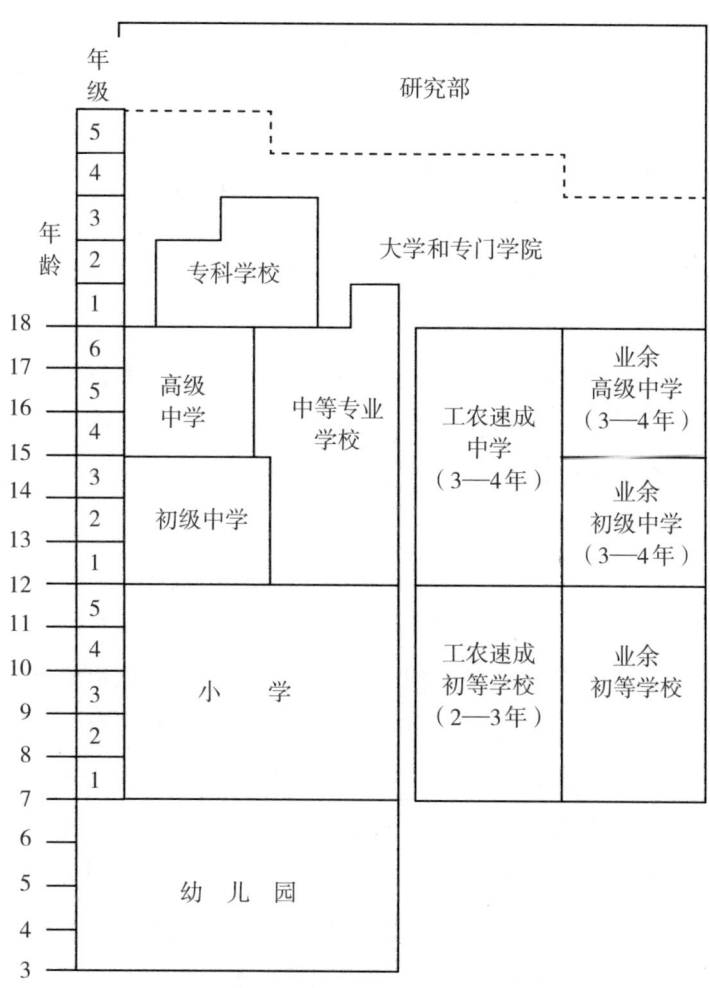

图 2-1 中华人民共和国学校系统

但是"文化大革命"中,把农业中学、技工学校和中等专业学校说成是教育不平等,是对工农阶级的歧视,将其一律都砍掉，只留下普通中学，而且缩短学制至四年。这是对我国职业技术教育毁灭性的破坏。"文化大革命"以后，虽然教育秩序逐渐恢复，但职业技术教育一直都没有被重视。20世纪80年代我国建立了一批职业中学，是为一批考不上普通中学的学生准备的，且专门技术的含量极低，大多是为旅店服务业和餐饮业培养员工。因而在人们心目中，职业中学低人一等，整个职业教育的名声也被毁坏。特别是1999年高等学校扩招以后，我国提出要重点发展普通高中，职业高中再一次萎缩。直到21世纪初，"技工荒"影响到我国制造业的发展，我们才感到职业技术教育的缺失。2005年国务院召开全国职业教育大会，做出了大力发展职业技术教育的决定。经过这几年努力，我国才使高中阶段职业教育与普通教育的结构比例得以优化，才扭转了职业技术教育衰退的局面。

特别是最近几年，在《教育规划纲要》公布以后，政府加大发展职业技术教育的力度，采取免收职业学校学生的学杂费、给其提供生活补贴、职业高中毕业生可以报考高等学校等一系列措施，吸引青少年接受职业技术教育。但是，人们对职业学校的歧视已经根深蒂固，阻碍着我国职业教育的发展。职业技术教育在老百姓心目中的地位仍然不高，广大家长还是愿意把孩子送到普通大学，特别是名牌大学读书。因此，千军万马挤向高考独木桥的局面并未改变。我国长期以来缺乏对职业技术教育的统筹设计和优惠政策，再加上传统文化重学术轻技术和"学而优则仕"思想的影响，使得教育的恶性竞争依然是教育的顽症。

四、学校发展不均衡

当前大家诟病最多的是重点学校的建立。长期以来各地政府投入大量资金建设重点小学、重点中学，造成学校发展的不均衡。教育激烈竞争的原因是人们追求重点学校，以便能顺利地考上大学。因此，取消重点学校的呼声由来已久。

设立重点学校是有历史原因的，需要历史地分析。新中国成立以后，我国教育虽然有了很大发展，但仍然处于不发达的行列，特别是经过"文化大革命"破坏，人力资源极度缺乏。"文化大革命"以后，百废待兴，十一届三中全会确定以经济建设为中心，实现四个现代化，其关键是科学技术的现代化，基础是教育，需要培养掌握科学技术的人才。邓小平一再强调要尊重知识，尊重人才。我们从他在1977—1978年的多次讲话中可以看到，他对人才如饥似渴、心急如焚。为了快出人才，出好人才，他在提出恢复高考的同时，提出要办好一批重点学校。正是这一举措，培养了一批人才，为我国改革开放、社会主义现代化建设做出了巨大贡献。

应该说，20世纪我国教育还处于精英教育阶段，在这个发展阶段里必然要有一批精英学校。这是我国建设社会主义现代化的必然选择，也是所有国家教育发展的规律。其实这不是教育本身的问题，而是社会经济发展水平带来教育发展的问题。今天，在普及教育以后，高等教育进入大众化阶段，教育的公平就提到议事日程上来。大家开始对重点学校提出质疑。这是实现教育公平公正的必然要求。

三十多年来，政府对重点学校投入大量资金，使地区教育发展不均衡，造成了家长择校问题。20世纪80年代和90年代初，小学升初中要经过考试。这造成了考试竞争，增加了学生的学业负担。为了减轻学生的课业负担，推进素质教育，教育部曾明令取消小学升初中的考试，采用电脑派位方式。但是重点学校仍然以各种竞赛成绩作为选拔学生的标准，于是奥数班、英语班、艺术特长班等应运而生，使得考试竞争愈演愈烈，学生学业负担越来越重。

另外，一些机关和企事业单位与重点学校的共建，加重了学校发展的不均衡。重点学校的资源越来越丰裕，设备越来越先进，教师待遇也较优厚，与普通学校拉大了距离。对这种现象，老百姓是极有意见的。一些机关和企事业单位利用公共资源为本单位的子女谋福利，实际上也是一种腐败，不仅会败坏社会风气，还会在学生心理、品德上产生不良的影响。

> **链接**
>
> 　　北京师范大学实验小学是北师大教育系师生于1958年共同亲手建立起来的，当初我们都参加了建校义务劳动。实验小学开始就实行五年制。教育系派出二十多位教师和毕业生去任教，自己编写教材，培养了大批优秀毕业生。但是，20世纪80年代初北京市小学升初中要全市统考，学校必须用北京市的教材。这一下子增加了学生的负担，家长有意见。当时我任北师大副校长，主管几所附属学校。实验小学校长尤素湘到我的办公室，满含眼泪地告诉我，学校只好改为六年制了。学校行政会议也只好同意。一所五年制小学经过30年的风雨就此结束。

《教育规划纲要》已明令禁止设重点学校和重点班，但重点学校是长期形成的，在老百姓的心目中难以消失。这就是教育竞争的根源。现在各地政府也都加强对薄弱学校的改造。杭州市在21世纪初就开始组建教育集团，由重点学校与普通学校结成集团，或者由重点学校举办分校组建教育集团，扩大优质资源，来缓解择校的竞争。近几年来北京市也在采取优质学校办分校的办法来扩大优质资源，产生了比较好的效果。但是办分校要有实质性的措施，特别是师资的保证，不能只挂一块牌子了事，有名无实。名校不能办很多分校，否则优质教育也会稀释，分校也徒有虚名，许多学者为此担忧。

党的十八届三中全会提出教育领域的综合改革，教育部提出建立学区制、九年一贯制，使小学生能直接升入初中。但又出现所谓"学区房"这样新的问题。据报道，优质学校区域内的住房价格比普通学校学区内的房价要高出数倍之多，这会造成新的不公平，其实，主要是家长的盲目担心。据北京市划片"小升初"的政策，在学区里仍要电脑派位，住在学区内并不一定就能上优质中学；同时学区片里既有普通初中，也有优质初中，资源可以共享。总之，一个矛盾解决了，又会产生新的矛盾。最终只有促进学校的均衡发展，才能缓解由于教育竞争带来的种种问题。

五、正确的评价制度的缺失

评价制度是教育工作的指挥棒。一提到教育改革，人们首先提出的是高考、中考制度的改革。校长、教师最关心的也是高考改革，认为考试制度不改革，素质教育难以推行。

我们对学生的评价标准太单一，只以考试成绩作为唯一的评价标准。虽然教育部一再强调要全面评价，但除考试成绩之外，学生的思想品德、身体素质等都没有刚性指标。于是大家追求的只有考试成绩。新的评价考试方案已经出台，提出小学升初中一律不考试，中学要实施学业水平考试和综合素质评价，作为升学的重要依据。但如何实施，恐怕还需认真细致研究，做到公平公正。

我国的考试制度长期存在"一考定终身"的弊端。这种制度甚至不如科举考试，科举还可以多次考试，我们现在应届毕业生一次考不上高校就变成社会青年了，再考就更难了。

高校招生缺乏自主权，学生报考缺乏选择权。前几年，美国一个华裔中学毕业生巩昂寄给我一部他的书稿，介绍他在美国读书和报考大学的经历，我觉得很有意思。我把他报考大学的经历归纳为如下几个步骤。

第一步是在高中阶段参加SAT（Scholastic Aptitude Test）或ACT（American College Test），成绩作为入学的参考。

第二步是参加课外活动，这是备考的必然要素。大学会考察他在中学参加课外活动的情况。该生参加了学校网球队、数学俱乐部、多元化俱乐部和国家优秀学生协会。

第三步是在十二年级前的夏天思考报考什么学校。了解历届毕业生考入大学的信息，从网上了解大学招生的信息，听取父母和教师的建议。之后，他决定选择10所大学为报考对象。

第四步是向10所大学提交大约500字的申请书，介绍自己在中学的学习情况、参加的课外活动、个人的爱好和抱负等。申请书很重要，大学往往根据申请书来初步录取。

第五步是到大学实地考察。他接到9所大学的初步录取通知书。于是他选择了3所他最想去的大学进行实地考察，最后选定哈佛大学。

第六步是由当地一位哈佛大学的校友对他面试。面试就是在校友办公室里一面喝咖啡，一面聊天。校友比较满意，推荐大学正式录取他。①

美国大学这样一个录取过程，既体现了大学招生的自主权，又体现了学生的选择权。但这种办法在我国行得通吗？首先，我国高校招生只凭一纸成绩，无需别的要求；其次，我国中学生没有养成自主选择的能力；最后，我国是一个人情社会，诚信制度尚未建立，学生参加课外活动情况、申请书的撰写、校友的面试都可能弄虚作假，不能令人相信。现在我国新的评价考试改革方案已经出台，正在上海和浙江两地试点，而全国实施还需时日。

六、传统陈旧的人才培养模式

正如《教育规划纲要》所说，我国教育还存在观念落后、方法陈旧的问题。前面讲到的陈旧的人才观、质量观，必然会导致教学方法的陈旧、人才培养模式的僵化。这与我国的传统教育有关。

我国现代教育是一百多年前从西方搬过来的，首先是学习日本。清朝末年壬寅学制、癸卯学制都是源自日本，而日本又是从德国搬过来的。因此我国的现代教育一开始就打上了传统教育学派的烙印。虽然1922年改用美国的学制，而且美国著名教育家、现代教育学派的鼻祖杜威自1919年到1921年在中国讲学两年有余，竭力宣传他以儿童为中心的现代教育主张，但没有动摇我国传统教育的传统。因为传统教育比较适合长期处于

---

① 巩昂，美国华裔学生，2005年还是高中生，暑假回中国时和他的父亲一起来看我，并带来他的书稿《我在美国上中学》。我为他的书稿写了序言，由中国盲文出版社出版。这里冒昧摘用他书稿的内容。

封建时代并具有科举文化的中国。

新中国成立以后到"文化大革命"以前，对我国教育影响最大的是苏联教育。早在1948年秋，我国的旅顺中学就开始和苏联一所中学建立联系，着手学习苏联的教育经验。1949年以后，我国确立了"一边倒"向苏联学习的方针。一方面，翻译出版大量苏联教育理论著作，最著名的是凯洛夫主编的《教育学》，几乎达到教师人手一册。另一方面，聘请苏联专家来到教育部、高等学校当顾问和讲学，传播教育经验。以北京师范大学为例，该校1950年就开始请苏联专家来校长期讲学，至1958年，先后请了十几位苏联专家到各系讲学，其中教育学、心理学专家就有8位。他们基本上把苏联的课程搬了过来。他们的讲义不仅是学生的教科书，也是后来教师编写教材的依据。苏联教育学强调以下几方面：（1）教学是教育的基础；（2）系统知识的传授，因而在中国批判杜威的实用主义教育思想及陶行知的生活教育思想、陈鹤琴的活教育思想；（3）教师的主导作用，凯洛夫认为"教师本身是决定教学的培养效果之最重要的、有决定作用的因素"，"教学的内容、方法、组织之实施，除了经过教师，别无他法"[①]，因而确定了教师在教学中的权威性、主导性。以上几乎都符合中国传统教育，所以被我国教育工作者牢牢地掌握。

对我国中小学教育影响最大的莫过于所谓"红领巾"教学法。1953年，北京师范大学中文系学生到北京女六中进行教育实习，讲授"红领巾"一课。苏联专家普希金听了这堂课以后进行评议，提出上好一堂课的要求，推荐了苏联课堂教学的

---

① ［苏］凯洛夫总主编，沈颖等译：《教育学》（上册），人民教育出版社1953年版，第58—60页。

"五段教学法"①。《人民教育》七月号为此发表短评，认为普希金在评议会上的总结发言是"给我们指出了一个改进语文教学的方向"。从此"红领巾"教学法传遍全国，对我国中小学语文教学，以至于整个中小学教学产生了深远的影响。这种教学法规范了课堂教学的要求，有利于学生掌握系统的基础知识和基本技能。但它也产生了一些消极影响，即把课堂教学程式化、僵化，不利于教师发挥创造性、学生发挥主动性，学生始终处于被动地接受知识的地位。

凯洛夫教育学的体系实际上没有摆脱赫尔巴特传统教育理论的影响，它强调的是学科中心、课堂中心、教师中心。这种人才培养模式一直影响到今天。虽然1958年以后我国对凯洛夫教育学就开始批判，但并未涉及他的教育思想体系，只是从宏观上给它扣上"智育第一""修正主义教育思想"等帽子，并未触及他的教学体系。客观地说，凯洛夫教育学还是企图运用马克思主义观点来分析教育现象的，它强调学生要掌握系统的科学文化知识，重视基础知识和基本技能的掌握，在那个时代也是正确的。但其教学过程过于僵化，忽视学生的主体性和发展，人才培养模式缺乏创造性、批判性。凯洛夫教育学在20世纪60年代的苏联也已受到批评，赞科夫的"教学与发展"理论实际上就是对凯洛夫教育思想的一种反叛。

特别值得一提的是，1951年我到苏联学习教育专业，当时我们用的教材并非凯洛夫主编的《教育学》。1956年回国以后，我发现国内学界对凯洛夫主编的《教育学》研究得十分精细，教材也完全照搬它的体系。这使我感到非常惊讶。

---

① 所谓五段教学法，即每堂课设五个基本环节：组织教学、复习旧课、讲授新课、练习巩固、布置作业。

西方有学者调侃说，一个15世纪的人今天醒过来，发现世界什么都变了，唯有教堂和学校没有变，他还认识。这说明学校的变革很慢，培养人才的方法依旧。

改革开放以后，我国引进了许多西方教育思想和经验，重新重视杜威的以儿童为中心、做中学等思想，特别是新一轮课程改革强调以学生为主体，采用探究式教学、参与式教学方法。但大部分教师还是习惯用传统的灌输式教学方法，不重视培养学生的思维方式。特别是"应试教育"仍然干扰着教育改革，学生始终处于"被教育""被学习"的状态，学生没有兴趣，没有爱好，没有选择权。这种人才培养模式很难培养出具有创新精神和实践能力的人才。

第三章 ▶▶▶

为素质教育正名

一、素质教育的提出和争论

素质教育最早提出于20世纪80年代中期。1985年5月，中共中央、国务院召开全国教育工作会议。5月19日，邓小平在会议上做报告，指出："我们国家，国力的强弱，经济发展后劲的大小，越来越取决于劳动者的素质，取决于知识分子的数量和质量。"[①] 5月27日发布的《中共中央关于教育体制改革的决定》明确指出："在整个教育体制改革的过程中，必须牢牢记住改革的根本目的是提高民族素质，多出人才，出好人才。"[②] 1986年颁布的《中华人民共和国义务教育法》第三条规定："义务教育必须贯彻国家的教育方针，努力提高教育质量，使儿童、少年在品德、智力、体质等方面全面发展，为提高全民族的素质，培养有理想、有道德、有文化、有纪律的社会主义建设人才奠定基础。"此后，"素质"一词就不断见于国家许多文件和媒体中。

1987年时任国家教委副主任的柳斌在《努力提高基础教育的质量》一文中，正式使用"素质教育"一词。关于"素质教

---

① 中共中央文献研究室编：《邓小平论教育》，人民教育出版社2004年版，第166页。

② 人民教育出版社编：《教育改革重要文献选编》，人民教育出版社1986年版，第25—26页。

育"的讨论就此开展起来。

"素质教育"这个概念一提出，就引起教育界的争论。学术界从生理学、心理学的角度提出，人的素质是指人的遗传素质，后天怎么能改变？有的学者提出，素质是中性的，有好的素质、坏的素质，素质怎么教育？教育实际工作者，特别是第一线的校长和教师提出，素质教育与教育方针之间是什么关系？素质教育是不是要取代教育方针？特别是1993年中共中央、国务院发布了《中国教育改革和发展纲要》，提出："中小学要由'应试教育'转向全面提高国民素质的轨道，面向全体学生，全面提高学生的思想道德、文化科学、劳动技能和身体心理素质，促进学生生动活泼主动地发展，办出各自的特色。"第一线的校长和教师更感到困惑，他们说："难道我们过去的工作都错了，现在要转轨了？不能理解。"有些教师认为，应试能力也是一种素质，有考试就有应试，不能一概否定"应试教育"。

对此，我当时也很困惑。我和研究生讨论时，他们提出了许多问题，认为"素质教育"的提法不科学。我当时的理解是，中央多个文件都提到提高国民素质，"素质"一词需要另行界定。这个问题下面再谈。至于素质教育，我认为当时是针对"应试教育"而提出来的。可以从教育的目的论来理解，即以应付考试为目的的就是"应试教育"，以提高国民素质为目的就是"素质教育"。提倡素质教育也并非不要考试，但考试只应是一种手段而非目的。

二、素质教育提出的背景

毋庸讳言，素质教育是针对"应试教育"而提出的。"应试教育"又与片面追求升学率有关。这个说来话长，可以追溯到我国的历史文化传统。

我国是一个十分重视教育的国家，在历史传统上，不论是达官显贵，还是庶民百姓，只要有条件，就会千方百计让自己的孩子求学读书。新中国建立以后，随着我国生产力的解放、经济的恢复与发展，人民群众求学的积极性尤为高涨。在20世纪50年代初期，为了尽快培养经济建设干部，高等教育发展很快，一度高中毕业生人数达不到高等学校招生人数，还要动员在职青年报考。但是到50年代中期，情况发生了逆转，随着高中教育的发展、高等学校学额的限制，开始出现高中毕业生不能全部升学的问题，小学、初中毕业生也有一部分不能升学，他们需要直接参加工农业生产劳动。但是学生、家长、教师的思想准备都不足，认为中学生毕业后就应该升入大学，进一步深造，去参加工农业生产是大材小用，浪费人才。为此，1957年2月27日毛泽东在扩大的最高国务会议上所做的《关于正确处理人民内部矛盾的问题》中提出："我们的教育方针，应该使受教育者在德育、智育、体育几方面都得到发展，成为有社会主义觉悟的有文化的劳动者。"同年3月24日周恩来在杭州群众大会上讲话，他对中学生说："你们当中有人升入大学做大学生，做高级知识分子，当干部，但是就我们国家的现在条件来说，绝大多数人毕业后要直接参加工农业生产劳动。无论干什么，都是为了建设社会主义。这是你们学习的目的，也是我们办教育的目的。"同年4月8日《人民日报》根据刘少奇多次讲话整理发表了《关于中小学毕业生参加农业生产问题》的社论。这些讲话和文章都是鼓励知识青年成为普通劳动者。[1]但是老

---

[1] 中央教育科学研究所编：《中华人民共和国教育大事记（1949—1982）》，教育科学出版社1983年版，第194页。

百姓总希望自己的孩子中学毕业以后能够升入高等学校。于是在20世纪60年代就出现了追求升学率的现象，而且愈演愈烈。当时教育界曾经对"单纯追求升学率"倾向进行过批判。说这一段历史，为的是说明，片面追求升学率的问题早已有之。

"文化大革命"十年间，我国教育遭受到毁灭性的破坏。"文化大革命"以后，随着国家对知识、对人才的重视，我国教育得以迅速恢复和发展。青年求学的热情更加高涨。1977年恢复高考，当年招生27.3万人，但报考的青年达570万人。当然，这是由于积聚了10年未能得到上学机会的青年所爆发出来的求学热情。但是随后几年，一直存在着升学的激烈竞争。从表3-1中我们可以看到当时高中毕业生进入高校之难。

表3-1　1980—1985年高中毕业生数、高校招生数及升学率[①]

年　份	高中毕业生数（万人）	高校招生数（万人）	升学率（%）
1980	616.2	28.1	4.56
1981	486.1	27.9	5.73
1982	310.6	31.5	10.14
1983	235.1	39.1	16.63
1984	189.8	47.5	25.02
1985	196.6	61.9	31.48

① 教育部计划财务司编：《中国教育成就统计资料（1980—1985年）》，人民教育出版社1986年版，第65页。20世纪80年代初高中毕业生逐年减少是因为对普通高中进行了调整。"文化大革命"期间，在"左"的思想指导下，片面地缩短学制，中小学实行九年制、十年制，即小学五年，中学四年或五年，严重地影响中小学教育质量。自1980年开始逐渐延长中学的学制，恢复初、高中分段教育，对高中阶段都进行调整，因此这个时期高中毕业生大幅下降。

　　尽管20世纪80年代初高中经过调整，毕业生大幅度减少，高等学校招生逐步扩大，但是高中毕业生能够考上高等学校的比例仍然很低。这造成中小学的激烈竞争。有些学校不顾学生的健康，轻视道德教育，加班加点，应付考试；有的学校为了提高升学率，压题猜题，忘记培养学生成才的教育本质。1981年11月26日《人民日报》刊发了著名教育家叶圣陶的文章《我呼吁》。在该文中，他呼吁社会各界关注中学生在高考重压下负担过重的问题，批判了当时中学和一部分小学片面追求升学率的错误做法。他称这种现象有如"千军万马过独木桥"，令人担忧。

　　1983年12月31日，教育部颁发了《关于全日制普通中学全面贯彻党的教育方针，纠正片面追求升学率倾向的十项规定（试行草案）》。文件要求学校不能只抓升学，忽视对劳动后备军的培养；只抓考分，忽视德育和体育，忽视基础知识和能力的培养；只抓少数，忽视多数；只抓毕业班，忽视非毕业班；只抓高中，忽视初中。但文件发出以后，效果甚微。

　　《教育研究》杂志从1986年第4期至1987年第4期，还专门开辟了"端正教育思想，明确培养目标"的专栏讨论，其涉及的问题就是批判"升学教育"，树立正确的人才观和提高民族素质的问题。

　　1989年4月，时任全国人大常委会教科文卫委员会副主任、中国教育学会会长张承先和时任国家教委副主任王明达建议成立"克服片面追求升学率的对策小组"，研究克服中小学片面追求升学率的弊端，端正教育发展的航线。我也是小组成员之一。第一次会议在国家教委会议室召开，会议决定成立一个调查和写作班子，设在国家高级教育行政学院，研究三个问题并发表有力的文章。这三个问题是：（1）调查分析片面追求升学率产生的原因；（2）调查片面追求升学率对青少年的危害；（3）提出克服片面追求升学率的对策。后来因为发生了政治风波，写作小组只在5月底写了一篇文章，发表在《中国教育报》上，即匆匆收兵，未有结果。但是关于批判片面追求升学率、端正教育思想的讨论，在20世纪80年代末至90年代初一直没有停止过。

1993年中共中央、国务院发布了《中国教育改革和发展纲要》。其中提出："中小学要由'应试教育'转向全面提高国民素质的轨道。"

1994年，时任国务院副总理的李岚清在全国教育工作会议的总结讲话中又明确指出："基础教育必须从'应试教育'转到素质教育的轨道上来，全面贯彻教育方针，全面提高教育质量。"

1994年8月，《中共中央关于进一步加强和改进学校德育工作的若干意见》又明确提出："增强适应时代发展、社会进步，以及建立社会主义市场经济体制的新要求和迫切需要的素质教育。"这是首次在中央文件中使用素质教育的概念。

1996年4月12日，李岚清为纪念《中华人民共和国义务教育法》颁布10周年在《人民日报》上发表《基础教育是提高国民素质和培养跨世纪人才的奠基工程》一文。文章指出："素质教育与'应试教育'反映了两种不同的教育思想。'应试教育'以升学考试为目的，围绕应试开展教育教学活动，是一种片面的淘汰式的教育，它的危害：一是教育对象主要面向少数学生；二是教育内容主要偏重智育，轻视德、体、美、劳方面，忽视实践和动手能力，影响青少年的健康成长；三是违背教学规律和青少年成长规律。"

自1995年起，时任国家教委主管基础教育的副主任柳斌连续撰文，五论"关于素质教育的思考"，把素质教育的讨论推向新的高潮。

为了贯彻中央推进素质教育的精神，1996年2月，《人民教育》《湖南教育》联合推出长篇报道，报道了湖南汨罗大面积推行素质教育的经验。同时，国家教委还在湖南汨罗举行了全国素质教育现场会。1997年9月，国家教委又在山东烟台召开了全国中小学素质教育经验交流会。同年10月，国家教委颁发了《关于当前积极推进中小学素质教育的若干意见》，进一步将全面推进素质教育确定为基础教育的重要任务。

链接

素质教育的探索

——汨罗市中小学教育改革12年写真

普通高中教育：巩固率96%，合格率99.5%。1995年上大学人数超过全市总人口的万分之十八，高出全省水平一倍以上，在全国农村县市还未发现这么高的比例。

中等职业教育：职高与普高在校生比例已达6∶4，学生巩固率为97%，合格率为100%。

这些数据，以及未列举的许许多多的数据，构成了汨罗教育多彩迷人的光环……

汨罗还有大量没有外化为名次和荣誉的"现象"——

比如在汨罗，加班加点给学生补课的现象已不多见，甚至有些高中教师都很少给学生布置课外作业！

　　比如在汨罗，教改蔚然成风，1990—1995年，湖南省共进行了三届教改成果评奖，在14个地市州、125个县市区中，仅推出一等奖29个，其中汨罗占了3个，一届1个，为全省绝无仅有。

　　比如在汨罗，德育始终有声有色，12年来在校中小学生犯罪率一直为0。

　　比如在汨罗，音乐、体育、美术、劳技4门课的开出率早已稳居100%。

　　"汨罗教育现象"，不就是一种"全面发展现象"，一种"素质教育现象"吗？

（《湖南教育》1996年第7期）

　　从以上素质教育提出的背景来看，素质教育主要是针对中小学片面追求升学率所产生的不利于学生素质提高而提出来的。[1]

三、怎么理解"素质"这个概念？

　　许多文件和领导讲话中都提出"素质"这个概念，同时，人们口头上也常常讲"那个人素质真低"。"素质"一词已成为人们的口头禅。因此我们就不能把它束缚在生理学、心理学原来的界定之中，需要有一个比较科学的界定。

　　2005年6月，教育部原部长何东昌给时任中共中央总书记的胡锦涛写了一封信。他在信中反映"应试教育"造成学生思想品德滑坡，身体素质下降，十分为年轻一代的教育担忧。胡

---

　　[1] 顾明远：《素质教育的推行与困惑》，顾明远主编：《改革开放30年中国教育纪实》，人民出版社2008年版，第104—125页。

锦涛批示要中央各部门调查研究。为此，教育部会同中宣部、人事部、社科院、团中央等部门根据中央领导的指示精神，组织了一支队伍对素质教育做了一年多的系统调查，并于2006年9月提交了一份《素质教育系统调研总报告》及13份分报告。总报告中说，调研组在一年多的时间里，"召开了各种形式的座谈会、研讨会、征求意见会，走访了有关专家，听取了各方面的意见，分别就教育系统实施素质教育、舆论环境对素质教育的影响、社会用人制度改革、人的全面发展理论及成才规律、青少年健康成长及社会环境等方面开展了较为深入的调研"①。可谓集思广益，发挥了各部门的集体智慧。

　　总报告对素质的概念做出了一个新的界定："一般说来，素质即人所具有的维持生存、促进发展的基本要素。它是以人的先天禀赋为基础，在后天环境和教育的影响下形成并发展起来的内在的、相对稳定的身心组织结构及其质量水平，主要包括身体素质、心理素质和社会文化素质等。"②这就突破了心理学的解释。我觉得这个界定是科学的，符合我国现在通行的术语。语言本身是发展的，科学概念也是发展的。过去我们把生理心理遗传要素称为素质，后天获得的叫素养。现在把它们合而为一，把在天赋遗传的基础上，经过后天环境和教育影响而获得的品质叫素质。我想也是符合科学的。更何况广大群众把"素质"作为口头禅，广泛应用，已经约定俗成。现在没有必要再重新去争论它，造成新的混乱。

---

① 素质教育调研组编著：《共同的关注——素质教育系统调研》，教育科学出版社2006年版，第1页。

② 素质教育调研组编著：《共同的关注——素质教育系统调研（续）》，教育科学出版社2006年版，第24页。

四、适应时代进步的要求，提高国民素质

素质教育的提出还有第二个历史背景和重要缘由，就是从提高教育质量、提高国民素质出发提出素质教育。20世纪80年代以前，虽然"素质教育"一词未见于正式文件，但提高教育质量、提高国民素质是中央领导和各级教育部门经常关注的问题。1985年5月27日发布的《中共中央关于教育体制改革的决定》明确指出："在整个教育体制改革的过程中，必须牢牢记住改革的根本目的是提高民族素质，多出人才，出好人才。"

在我国发达地区普及九年义务教育实现以后，基础教育如何进一步提高教育质量的问题就提到议事日程上来。1990年，江苏省发布了《江苏省教育委员会关于当前小学教育改革的意见（试行）》，提出："实施以提高素质为核心的教育，关键是转变教育思想，树立国民素质教育的观念。各级教育行政部门要组织学校和教师学习教育科学理论，开展素质教育的研究和讨论，并开展到家庭和社会，唤起为中华民族的未来而全面提高学生素质的公众教育意识，形成强大的舆论力量和良好的改革环境，推进小学素质教育的全面实施。"这是首次以政府文件的方式明确提出素质教育。1991年江苏省又率先召开了素质教育研讨会。①

从江苏省提出素质教育的背景来看，主要不是针对片面追求升学率而提出的。当然，与当时小学生课业负担过重也不无关系。20世纪90年代初期，珠江三角洲、长江三角洲都先后提出实现教育现代化问题。教育现代化的主要内容就是提高国民素质。

---

① 蔡克勇主编：《90年代中国教育改革大潮丛书（综合卷）》，北京师范大学出版社2002年版，第18页。

从20世纪80年代中期开始，中国大地掀起了一股教育改革浪潮。特别是邓小平的"教育要面向现代化，面向世界，面向未来"的题词发表以后，许多学校都以此为指针，进行教育改革。因此，各种教育改革实验如雨后春笋般发展起来。在全国比较有影响的有北师一附小、上海师范附小等七所学校开展的愉快教育，上海闸北八中开展的成功教育，南通师范附小李吉林的情境教育，武汉江岸区的和谐教育等。这些教育改革实验都是为了寻求提高学生素质，探索学生生动活泼主动地发展的最佳教育模式。

因此，素质教育是在普及九年义务教育以后，教育界思考教育如何进一步提高和发展而提出的。

提出素质教育的历史背景，有克服"应试教育"的弊端的要求，但总体上是为了提高教育质量，目的都是为了提高中小学生的整体素质，培养高素质人才。

素质教育的提出，与国际教育发展的形势也有关。20世纪80年代以来，提高教育质量的呼声很高。1983年，美国高质量教育委员会发表了《国家处在危险之中：教育改革势在必行》的报告，不仅震惊了美国，也震惊了世界。各国在80—90年代都出台了各种教育改革方案，目的都是为了提高教育质量。

五、素质教育的本质和内涵

素质教育经过三十年的激烈争论和研讨，尽管在某些方面还没有达到完全一致的认识，但大体上得到某些共识。

什么是素质教育？素质教育与教育方针是什么关系？其实素质教育就是要全面贯彻党的教育方针。正是因为我国的教育实际偏离了教育方针指引的方向，所以才提出素质教育。

大家都承认长期以来我国教育存在着片面追求升学率的严重困扰，为了追求升学率，一些学校和教师逼迫青少年埋头于死读书。读死书和繁重的课业负担，削弱了青少年的思想品德教育，损害了他们的身心健康，而且近年来愈演愈烈。全社会都为我们的年轻一代的成长担忧。从1981年叶圣陶的呼吁到2005年何东昌给胡锦涛写信，都表现出大家的忧虑。这种情况必须改变。

素质教育与教育方针是一致的。素质教育就是为了更好地贯彻教育方针，两者是不矛盾的。为了解除大家对素质教育的误解，20世纪90年代后期的政府文件中不再提"应试教育"向素质教育转轨。我前面已经提到，以提高国民素质为目的的教育就是素质教育。素质教育并不排斥考试。考试是一种教育手段，是评价、检查学习效果的一种方法，也是选拔人才的方法，运用得法可以促进、激励学生学习。但是如果把考试这种手段当作目的，以应付考试为目的，或者把它作为教育评价的唯一手段，则其消极作用是非常大的。"应试教育"就是颠倒了这种方法与目的关系。

1999年6月，中共中央、国务院召开改革开放以来的第三次全国教育工作会议，并发布《中共中央国务院关于深化教育改革全面推进素质教育的决定》（以下简称《决定》）。《决定》明确指出："实施素质教育，就是全面贯彻党的教育方针，以提高国民素质为根本宗旨，以培养学生创新精神和实践能力为重点，造就'有理想、有道德、有文化、有纪律'的、德智体美等全面发展的社会主义事业建设者和接班人。"中央文件为素质教育下了明确的定义，为素质教育的讨论做了科学的总结。

素质教育不是解决当前教育困境的处方，也不是一种教育模式，而是一种理念、一种方针。实施素质教育首先需要转变教育观念，树立正确的教育观、人才观、学生观、质量观。有了正确的观念，实施素质教育会创造出许多方法，当前轰轰烈烈的教育改革实践说明了这一点。

《教育规划纲要》又把素质教育提到教育改革和发展的战略主题的高度。因此，我们对素质教育要有一个重新的认识，说明它对我国教育的发展，对我国人才的培养具有重要的战略意义。

《教育规划纲要》对素质教育的本质和内涵做了如下解释："坚持以人为本、全面实施素质教育是教育改革发展的战略主题，是贯彻党的教育方针的时代要求，其核心是解决好培养什么人、怎样培养人的重大问题，重点是面向全体学生、促进学生全面发展，着力提高学生服务国家服务人民的社会责任感、勇于探索的创新精神和善于解决问题的实践能力。"这就是素质教育的本质和目的。对于素质教育的内涵，《教育规划纲要》提出三个要点：一是坚持德育为先，把立德树人作为教育的根本任务；二是坚持能力为重，着力提高学生的学习能力、实践能力和创新能力；三是坚持全面发展，坚持文化知识学习与思想品德修养的统一、理论学习与社会实践的统一、全面发展与个性发展的统一。

素质教育不仅是基础教育的重要任务，各级各类教育都要加强素质教育。素质教育要贯穿到幼儿教育、中小学教育、职业教育、成人教育、高等教育各个阶段。

2008年为开展《教育规划纲要》的调研工作，国家教改领导小组成立了11个战略专题组。我与张民生同志负责素质教育组，开始进行调查研究。我们素质教育组又从素质教育本质内涵和各国基础教育的调研、德育工作、课程改革、评价考试制改革、用人制度等几个方面分成小组，由40多位专家组成团队，开展了半年多的调查研究。通过调研，我们发现影响素质教育的因素很多、很复杂。在调研的基础上，我撰写了《素质教育十大原则》，全文如下。

素质教育十大原则

（1）素质教育是我国在改革开放新时期，为适应社会主义现代化建设，全面提高国民素质的要求，针对现有教育的弊端提出来的，核心是解决"培养什么人，怎样培养人"的教育根本问题。

素质教育的内涵是：全面贯彻党的教育方针，以提高国民素质为根本宗旨，以培养学生的社会责任感、创新精神和实践能力为重点，造就具有国际视野、德智体美全面发展的社会主义国民。

（2）人的素质，是人所具有的维持生存、促进发展的基本要素，是以人的先天禀赋为基础，在后天环境和教育的影响下形成并发展起来的、相对稳定的身心组织结构及其质量水平。[1]包括人的身体素质、心理素质、文化科学素质、思想品德素质。

人的先天的身体素质、心理素质是有差异的，因此，素质教育不要求每个人都达到同等水平。全面发展是指每个人都能取长补短，潜在能力得到充分发展。全面发展与个性发展结合起来。

（3）素质教育要达到以下目的，使每一个学生都具

---

[1] 素质教育调研组编著：《共同的关注——素质教育系统调研（续）》，教育科学出版社2006年版，第24页。

有：

● 健全的体魄。身体是一个人生存和活动的基础，学生是长身体的时期，要把学生的健康放在第一位。

● 高尚的思想品德。把社会主义核心价值观贯穿到教育全过程，使学生能够做到：正确对待自然、正确对待社会、正确对待他人、正确对待自己。

正确对待自然：保护自然，节约资源。

正确对待社会：热爱祖国，敬业尽责。

正确对待他人：尊重他人，和谐相处。

正确对待自己：知己则明，荣辱不惊。

● 强烈的学习愿望和较高的文化科学素养。要在掌握基本知识的基础上，着重培养学生的思维方式、学习能力、创新精神和实践能力，培养正确认识和运用信息技术的能力。

● 较高的审美能力和高尚的情操。

● 开朗的心态、丰富的生活、幸福的童年（按联合国《儿童权利公约》界定0—18岁为儿童）。

（4）学校课程是实施素质教育的主渠道。严格执行国家课程标准，开足开好规定课程。使每个学生都能掌握课程规定的基础知识、基本技能，正确的价值观和态度。上好每一节课，教好每一个学生。减轻课业负担，使学生有时间思考、有时间参加社会实践、有时间参加自己喜爱的文化科学和文体活动，做到学思结合、知行统一。

（5）把学生放在主动发展的主体地位，把学习选择权交给学生。学校开展多种多样的课内、课外活动，为学生选择学习提供各种条件，让他们在活动中锻炼成长。

（6）建立科学的评价制度。重视评价的综合性、经常性、全面性和发展性。不给学校和学生按考试成绩排名。改革考试招生制度，在各级学校录取新生时，除少数民族和弱势群体给予政策上的照顾外，取消一切附加条件，不得以各种竞赛成绩为录取依据。

（7）教师是实施素质教育的关键人物，有了好的教师才有好的教育。教师要提高本身的素质。教师要有敬业爱生的精神、高尚的职业道德；热爱教育，热爱学生，面向全体学生，相信人人均能成才；努力钻研业务，不断提高教书育人的能力；尊重每个学生，善于与学生沟通交流，指引学生掌握正确的学习策略和方法，帮助学生规划生涯。

（8）加强学校文化建设，把学校建设成有浓厚的文化气息、生动活泼的生活节奏、舒适自由的校园环境，使学生随时随地受到传统文化和现代文化的熏陶。

（9）学校应做好家长工作。家长的教育观念、教育方法时时影响着学生，只有学校与家庭、教师与家长在观念和方法上取得一致，才能收到应有的教育效果。学校应向家长开放，与家庭沟通。建立家长委员会，吸引家长参与学校的活动是与家庭沟通的有效途径。

（10）全社会都来关心学生素质的提高，在观念和制度上创新。政府首长要树立素质教育政绩观，不以升学率评价学校和教师；学校教育制度要创新，建立普通教育与职业教育的立交桥；用人单位要改变重学历轻能力的倾向，以综合素质作为选用人才的唯一标准；把推进素质教育与建立终身教育体系和学习型社会结合起来。

六、素质教育实施的主要进展

虽然开头讲到社会上对我国教育多有诟病，但如果不带偏见的话，不能不承认我国教育在这三十多年发展中所取得的巨大成绩。大家只要到基层走一走，就能看到巨大的变化。特

别是农村教育，自从贯彻《教育规划纲要》以来，国家增加了投入，农村的危房问题逐步得到解决，各地新的校舍拔地而起，学校面貌大有改观。当然还有几千万名留守儿童，由于缺乏父母的关爱，他们的成长受到影响。但这不是教育本身的问题。许多农村学校教师像对待自己的孩子一样爱护留守儿童，许多优秀事迹令人感动。我们可以从媒体上寻找到最美的乡村教师，看到他们可歌可泣的故事。说实话，对教育意见最多的还是城市一般白领阶层。他们面临的教育竞争最为激烈，对教育中的一些弊端看得较深。

素质教育推行多年来，虽然遇到各种阻力，可谓步履维艰，但许多学校都厉行改革，探索前行，创造出丰富的新鲜经验，涌现出一大批先进典型；广大教育工作者努力转变教育观念，深化教育教学改革，付出了不懈努力。

我觉得有如下几个方面的变化。

1. 素质教育观念已经深入人心，全国各地教育行政部门和学校都在努力探索推行素质教育的新举措

　　上海市全面推进素质教育，在推进改革试点项目"创新区域教育内涵机制"的过程中，着力打造"新优质学校"，提出建好"家门口"学校，努力实现"减负增效"，率先推出中小学生学业质量综合评价"绿色指标"体系，改变了过去用单一的考试成绩评价学校、评价学生的做法；甘肃省开展阳光体育试点，每所学校都保证上好体育课，保证每天一小时的体育锻炼；南京市开展了小班化教学改革，教育质量明显提高；南京市高淳县实行普教和职教联通制，学生可以互相选课；某民办学校实行班主任团队制度，每个教师都到一个班上做班主任。我们觉得这些经验都可以推广。许多地方努力贯彻《教育规划纲要》文件精神，加强了学生的思想道德教育，建立了许多爱国主义教育基地，开展了多种活动。我这两年参观了多个县市的学生校外活动基地，很有感触。如无锡市在宜兴建了一个"无锡未成年人社会实践基地"。基地占地200亩，建筑面积3.36万平方米，教职员工77人，可供1 500名学生住宿。基地开发"洞""竹""茶""陶""社会考察""素质拓展""文化游学""国防教育""人防教育""法制教育"10大类60多门课程。各校各年级学生可以自选课程，每学年去基地一周，全部住宿。由此形成了一个集社会实践、素质拓展、专题教育、文化娱乐，融实践性、思想性、教育性、娱乐性于一体的未成年人活动场所。张家港市的学生活动基地占地面积和建筑面积更大，设备更先进。学生在那里活动5天，住宿4个晚上。我们参观时正值学生下课，学生反映对这里的活动都非常感兴趣。北京市成立了少年科学研究院，开展"雏鹰计划""翱翔计划"，着力培养学生的创新能力和实践能力。

　　2. 许多地方政府明令禁止小学升初中的考试、各种不必要

的测验和假期补课等，想方设法减轻学生的课业负担

例如山东省委、省政府高度重视，先后出台多项政策措施强化素质教育的实施。2007年初印发了《关于深入贯彻〈中华人民共和国义务教育法〉大力推进素质教育的意见》，通过构建全面育人的工作机制，加强课程改革和管理、深化考试评价制度的改革、推进基础教育均衡发展、建设高质量教师队伍。特别是素质教育专项督导评估，取得了丰富的经验和巨大的成绩。

成都市青羊区于2007年10月连续发布了四道教育局长令，明文规定小学生的书包重量不能超过自身体重的十分之一，一、二年级不布置家庭作业，每天保证一小时体育锻炼等措施。①

链接

成都市青羊区教育局
关于"减负"工作一号令

为贯彻落实党的十七大精神，减轻中小学生课业负担，提高学生综合素质，经教育专家、医学专家、教师、家长、学生和社区代表多方论证，区教育局研究决定，从即日起，全区小学、初中学生书包重量限制在学生体重的10%以内。现将有关事项通知如下。

一、各学校要发布告家长书，明确书包的限重标准，使家长明白减轻书包的重要性和必要性。引导家长正确选择书包文具，并请家长协助学校培养学生养成每天按课表收拾书包的良好习惯，督促学生不把与学习无关的玩具等装进书

---

① 顾明远主编：《改革开放30年中国教育纪实》，人民出版社2008年版，第117页。

包，并监督学校的减重行为。

二、学校要利用朝会、班会、团队会时间教育学生书包过重的危害性，引起学生自身对书包减重问题的重视。

三、学校要积极创造条件，使用带抽屉的课桌或在教室里设置储物柜，便于学生存放学习用品和水杯等，并保障学生物品的安全。

四、学校要设置开水点并保障安全卫生，满足学生饮水的需要，学生只需准备喝水的杯子，不需带水到校。

五、学校要合理科学地安排课程表，并且严格执行课表安排，减少课表变更。遇有调课必须提前一天告知学生，避免学生每天要带齐各科教材。

六、严禁学校和教师集体购买或推荐购买教辅资料。

我局将成立七个学区督查小组，会同新闻媒体，定期或不定期监测小学、初中学生书包重量，并公布检测结果。对超重严重的学校，将追究校长的责任。

3. 广大教师实施素质教育的积极性以及他们的能力和水平有了较大的提高

20世纪80年代后期开展的愉快教育、情境教育、成功教育、和谐教育的实验有了扩展和深入；新的实验研究，如新基础教育实验研究、主体教育实验研

究、新教育实验研究等更加蓬勃地开展起来。许多地方和学校成立了教师发展学校，通过学习和研究不断提高教师的思想和业务水平，涌现出了一大批先进典型。李吉林老师创造的情境教育思想体系，不断地有所创新，每年召开情境教育思想研讨会，影响全国。

4. 基础教育新课程改革在全国普遍推行

课程是实施素质教育的核心。新课程改革的精神是吸收世界教育的新经验，传承中华民族精神，重视人的发展，提高人的素质。在课程目标上，重视掌握知识、发展能力的同时，强调培养学生对事物的情感、态度和价值观。自2001年颁布《基础教育课程改革纲要（试行）》以来，经过几年实验，到2005年秋季，全国所有小学、初中起始年级都已经开始实施新课程；2006年10个省份进入了普通高中新课程实验。新课程改革以学生的发展为本，注重发挥学生的主体性，突出培养学生的创新精神和实践能力，使学生生动活泼主动地发展。虽然基层教师对新的课程标准还有一些意见，有些学校和教师，特别是农村的学校和教师还不太适应，但基础教育课程改革有力地推动了素质教育的进展，使教师的教学方式和学生的学习方式发生了积极深刻的变化。

5. 招生考试制度是大家公认的推行素质教育的最大障碍

许多教师反映，考试制度不改革，素质教育难以推行。近些年来，考试改革也在逐步开展。特别是党的十八届三中全会决定，对招生考试制度进行综合改革，提出："探索招生与考试相分离、学生考试多次选择、学校依法自主招生、专业机构组织实施、政府宏观管理、社会参与的运行机制，从根本上解决一考定终身的弊端。"并且具体规定："义务教育免试就近入学，试行学区制和九年一贯对口招生。推行初高中学业水平考试和综合素质评价。加快推进职业院校分类招考或注册入学。逐步推行普通高校基于统一高考和高中学业水平考试成绩的综合评价多元录取机制。探索全国统考减少科目、不分文理科、外语等科目社会化考试一年多考。试行普通高校、职业院校、成人高校之间学分转换，拓宽终身学习通道。"根据十八届三中全会决定的精神，新的考试招生制度方案已经公布。其中规定：2014年启动考试招生制度改革，2017年全面推进，到2020年，基本建立中国特色现代教育考试招生制度，形成分类考试、综合评价、多元录取的考试招生模式，健全促进公平、科学选才、监督有力的体制机制，构建衔接沟通各级各类教育、认可多种学习成果的终身学习"立交桥"。具体措施是：（1）完善义务教育免试入学，试行学区制和九年一贯对口招生，改进高中阶段学校考试招生方式，破解择校难题。（2）完善高中学业水平考试，把它作为检验学生学习程度、毕业和升学的重要依据。（3）把综合素质评价作为学生毕业和升学的重要参考。（4）推进高职院校分类考试，实行"文化素质＋职业技能"的评价方式。（5）改革高考内容和方法，不分文理科，考生总成绩由统一高考的语文、数学、外语三个科目成绩和高中学业水平考试三个科目成绩组成。其他还规定减少和规范考试加分、各种竞赛成绩不作为升学录取的依据等。我想，这些改革措施必将有利于素质教育的推进。

第一，改进了评价制度。高中实行学业水平考试和综合素质评价。高中学业水平考试，学完一门考一门，不再实行百分制，而以合格和等级来评价学生的学业水平。这是一项重大的改革，体现了把立德树人、促进学生的全面发展和个性发展作为教育的根本任务。学校要重视学生综合素质的培养，努力提高教育教学的水平。结合当前高中课程改革，评价制度的改革有利于学生根据自己的兴趣和优势，选学与将来高考专业有关的科目，有利于人才的成长。综合素质评价是考查学生平时的品德表现、身心健康状况、实践能力、自我管理能力等。学业水平考试和综合素质评价都将成为将来高等学校录取的依据，改变一考定终身的弊端。

第二，改革高考的方式和内容。减少了考试科目，只考语文、数学、外语三门，考试不分文理，外语还可以进行两次考试，将最好成绩计入高考总分。另外，学生自愿选择三个科目的学业水平考试成绩，供高校录取时采用。这就减轻了学生在统考时的负担，重视平时的学习。它将指挥高中课程改革，高中不再分文理科，避免了偏科的现象，促进学生全面发展。有人可能会质疑，不分文理科，怎么体现因材施教，照顾学生的差异？其实当前高中课程改革的方向是多样性，减少必修课，增加选修课。学生可以根据自己的兴趣和志向，选学不同的科目，充分发展自己的潜能，同时把学业水平考试最好的科目作为高校录取的条件，学生和高校双向选择，这样才真正做到因材施教，照顾到不同学生的差异，有利于学生的全面发展与个性发展的统一，改变过去"以考定学"为"以学定考"。

第三，实行分类考试。高等职业院校只凭高中学业水平考试成绩和必要的相关技能考核结果即可录取学生。这就使一部分学生解脱统一高考的束缚，有利于发挥他们的特长。同时根据终身教育的理念，顶层设计了构建衔接沟通各级各类教育、认可多种学习成果的终身学习立交桥。任何一名学生，只要他有意愿和能力，都能取得更高层次学习的机会。这项改革可以改变千军万马挤向独木桥的局面，减轻了一部分动手能力强、理论学习较差的学生的心理压力和考试的负担，也有利于高中阶段的教育改革。当然，目前由于受长期世俗偏见的影响，不少家长不认可高职教育。但随着改革的深入、社会的发展，教育观念会转变，高职教育会有更大的发展。

第四，规范和减少考试加分。减少了各种不科学、不规范的加分，不仅杜绝了违规造假的行为，维护了教育公平，而且减轻了学生的学业负担（以后学生就不用再去上什么补习班、参加各种竞赛，一心一意把学校设计的课程学好，同时有时间参加自己喜爱的科学文化体育活动），改变被迫学习、被动学习的局面，使学生在生动活泼主动的学习环境中成长。

考试招生制度改革方案中还有许多举措，如提高中西部地区和人口大省高考录取率、增加农村学生进入重点高校人数，以及完善中小学招生办法，破解择校难题等，都将影响基础教育的深入改革。

考试招生制度改革的方向已经明确，改革的举措具有完整性、科学性、时代性、可行性，符合我国的国情和广大人民群众的愿望。方案经过从下到上、从上到下反复的研究，直到中共中央政治局审议通过，成为国家的基本教育制度，可以说是领导和群众集体智慧的结晶。在实施过程中，可能还会遇到这样或那样的问题，但只要大家向一个方向努力，就可以在实践中不断改进和完善。

第四章 ▶▶▶

改革人才
培养模式（上）

除了在前面讲到的教育的外部生态环境因素外，教育内部改革的空间还很大。《教育规划纲要》指出改革创新是教育发展的动力，并且提出了六大改革：人才培养体制改革、考试招生制度改革、建设现代学校制度、办学体制改革、管理体制改革、扩大教育开放。之所以把人才培养体制改革摆在第一位，是因为一切改革归根结底都要落实到人才培养上。

一、树立正确的人才观

首先，人才培养体制改革要以正确的观念为指导。《教育规划纲要》提出："深化教育改革，关键是要更新教育观念，核心是改革人才培养体制，目的是提高人才培养水平。"要树立人人成才、多样化人才的观念。

什么叫人才？什么样的人叫人才？这使我想起，1979年在纪念新中国成立30周年座谈会上，于光远、吴明瑜、童大林、张健、敢峰、王通讯等和我谈起建立人才学的问题，当时对人才的看法就有不同的意见。我于1980年曾经在《人民教育》杂志上发表过一篇文章《人才学与教育学》。当时我是这么写的："教育的任务是培养人才，学校是培养人才的地方。但是，学校培养出来的人不一定能成为人才。也就是说，学校的毕业生在将来的工作中，能够很好地发挥作用，就是一个合格的毕业生，但他不一定有创造性的见解和能力，不一定成为人才。"① 当时人们把人才和天才混淆了。现在我要补上一句：人才是多样的，只要热爱祖国，有社会责任心，勤奋工作，为社会做出一

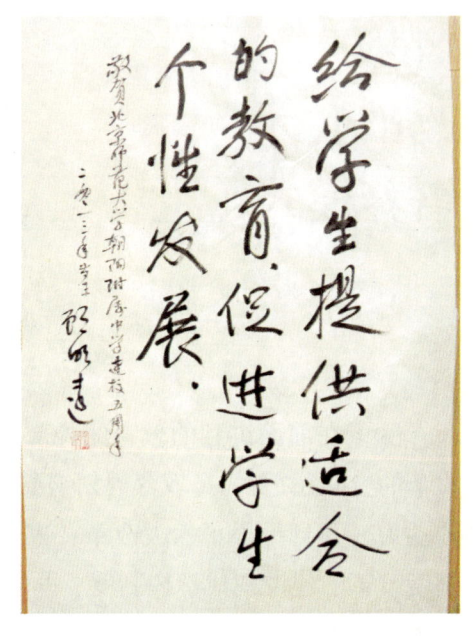

定贡献的就是人才。人人都能成才，每个学生都能成才，是每个教师的第一信念。我们只有相信每个学生都能成才，才会努力尽心地教育他。因此，每个教师都要树立人人都能成才的教育信念。

其次，要树立人才多样化的观念。人是有差异的，因此人的发展是不一样的，不能用一把尺子去衡量和要求每个学生。所以要因材施教，给每个学生提供适合的教育才是最好的教育，才是最公平的教育。这个问题我在前面已经谈了很多，这里就不再赘述。

这里想补充的是，要平等地、公正地对待每个儿童，他们将来都能成才，我们不能偏爱某个儿童。同时儿童的发展不是

---

① 顾明远：《人才学与教育学》，《人民教育》1980 年第 4 期。

线性的，是有曲折的。因此，任何时候对每个儿童都应一视同仁。所以我反对评选"三好学生"。这种在成人社会中评先进的办法不能搬到儿童教育中，因为不符合儿童成长的规律，会造成对非"三好学生"的心理伤害。自尊心是一个人的基本品质，丧失了自尊心，也就丧失了人格。而自尊心是要通过教师和家长对孩子从小尊重而培养起来的。自尊心又是和自信心联系在一起的。有了自尊心就会建立起自信心；反过来，有了自信心就会促进自尊心的确立。因此，对于中小学生来说，自尊心和自信心是一种巨大的教育力量，有了它，学生就能够自己教育自己。因此，每个老师都要重视它，从小培养学生的自尊心和自信心。赞成评"三好学生"的人总以"要树立榜样"为借口。但树立榜样的办法很多，做了好事可以表扬，学习有进步可以表扬，热爱体育活动可以表扬，不一定把一小部分学生定格在"三好学生"上。

把成人评先进的办法运用于少年儿童，恐怕这是中国文化的特色。西方国家就没有这种观念。我前几年看到《报刊文摘》刊登了一篇小短文，大意是讲在美国盐湖城召开冬奥会期间，我国奥委会代表团参观一所学校时，带去了两个熊猫玩具。团长对该校校长说："一个送给你们学校最优秀的男生，另一个送给你们学校最优秀的女生。"这一下难为了校长。校长说："我们学校的学生个个都是优秀的，没有最优秀的。有的学生学习优秀，有的学生运动优秀，有的学生做义工优秀。"最后校长只好把两个熊猫玩具陈列在学校的展览柜里，写上"送给最优秀的学生们"，供所有学生欣赏。这就是东西方文化的差距。儿童就是儿童，不能用成人评劳模的办法来评选儿童。

评选"三好学生"，一小部分学生受到鼓励，但会伤害大多数学生。当然，也会有一部分学生受到刺激，以"三好学生"为榜样，争取也能当上"三好学生"。但"三好学生"的名额是极少的，因此对大多数学生来说，可望而不可即，其实是起不到激励作用的。相反，这对培养他们的自信心和自尊心是不利的。

我国的教育方针是使每个学生在德智体美等方面都得到发展，成为社会主义事业的建设者和接班人。那么，为什么只有极少数学生是"三好学生"呢？因此，评选"三好学生"显然与教育方针相悖。的确，评选"三好学生"曾经激励过一部分优秀学生，恐怕当前各条战线的骨干都曾经是"三好学生"。但是，从教育工作者的角度来讲，我们最重要的信条是相信每个学生都能成才，我们面对的是每一个学生，而不是一部分学生。

二、没有爱就没有教育

我国著名教育家霍懋征提出："没有爱就没有教育。"（最早提出这句话的是夏丏尊，他翻译了《爱的教育》。）这也是我的教育信条，同时也是我在教育实践中得出的经验。那还是1958年，全国"大跃进"的年代，我在北京师范大学附中工作。秋天，全国轰轰烈烈大炼钢铁，学校也不例外。我校操场上小平炉林立，师生们彻夜奋战。一天清晨，我忽然发现会议室里睡着一个女学生。第一天没有在意，以为炼钢炼得太晚了，无法回家，可是一连几天

没有爱就没有教育，
没有兴趣就没有学习。
二〇一五年仲秋　顾明远书

这个女孩子都没有回家。这引起了我的注意。我问她为什么不回家，她回答说不愿意回家。经再三劝说、教育，她都不愿意回家。

经过了解，我才知道，她是一位领导同志的孩子，生于革命战争的艰苦年代，出生后就被寄养在老百姓家里，新中国成立后才被接回家，因此与父母在思想感情上有一些距离。再加上母亲要求过严，据说姥姥还有点重男轻女的思想，对待她与对待她的哥哥不一样，孩子觉得缺乏家庭温暖，因此拒绝回家。经过再三做工作都无效，我只好把她安排在宿舍里。以后我曾经多次和她的母亲联系，劝她多给孩子一些温暖，我强调"没有爱就没有教育"。但她的母亲却认为学校对她要求不严，甚至认为学校的态度是没有阶级观点的"母爱"的表现，差一点在批评"母爱"时把我也捎进去。但是我一直没有放弃这个信念。

怎样才算真正的爱？可能许多家长和老师受到传统教育思想的影响，存在许多误区。

误区之一是溺爱，满足孩子的一切要求，结果造成自我中心，忘乎所以。近年来某些"官二代""富二代"表现出来的劣迹，无不与父母的溺爱和放任不管有关。这种溺爱不仅害了孩子，也危害了社会。

误区之二是强制，用父母的权势逼迫孩子，有的甚至用暴力对待孩子，总认为"棍棒底下出孝子"。殊不知，那是封建时代培养奴才的办法，现在是民主时代，我们培养的是人才，不是奴才。前一阵子热闹一时的"虎妈""狼爸"，都是这一类的父母。表面上看他们的孩子都在学习上取得成功，但他们的人格心理如何，他们将来的人生道路如何，尚待历史的考验。

早在八十多年以前，鲁迅在《上海的儿童》一文中就严厉批评当时的家庭教育和对儿童不正确的认识。他说中国的中流家庭教育有两种极端的教育方法：一种自由放任，一点不管，任其跋扈，在家里是暴主，但到了外面就没有能力了；另一种终日冷遇或呵斥，甚至于打骂，使孩子畏葸退缩，仿佛一个奴才，父母还以为"听话"，待到了外面，像"暂出樊笼的小禽，他决不会飞鸣，也不会跳跃"[1]。八十多年后的今天这两种方法依然存在，可见传统习惯之顽固。

误区之三是认为每天逼着孩子学习，使他将来能考上好的大学，找到一份舒适的工作，过上幸福的生活，认为这是对孩子的爱。可是孩子不理解，他需要的是现在生活的幸福，需要学习，也需要玩儿、尊重、自由、交往等。有的教师给学生布置很多的作业，说是"为你好，将来能考上好的学校"。有的教师因为学生没有完成作业就动手打学生，受到批评还觉得很委屈，认为"我是为学生好"。可是学生不领这个情，反而对学习没有兴趣了，厌学了。就算学生在父母、教师强迫下学习进步了，成绩上去了，但身体垮了，性格扭曲了，脾气怪僻了，将来能有幸福吗？恐怕未必。

因此，什么叫真正的爱？真正的爱是要让自己的孩子、自己的学生能够在德智体美诸方面都得到发展，他的潜能得到充分的发挥，有健全的人格、开朗的性格，这样才能有幸福的人生。

那么，怎样才能做到真正的爱？首先要相信学生。相信每个学生都要求进步，都能成才；尊重每个学生，做到互相信任。怎么才能做到互相信任？这就要求教师善于和学生沟通，能够平等地对待每个学生，了解学生的思想、学习和生活，了解学

---

① 鲁迅：《南腔北调集·上海的儿童》，《鲁迅全集》第5卷，人民文学出版社1973年版，第160—161页。

生的需要。一个人有多种需要。美国社会学家马斯洛分析研究了人的需要，认为每个人都有五种层次需要：第一是最基本的生理上的需要，要吃要喝；第二是安全的需要，避免伤害；第三是社会需要，即与人交往、交朋友的需要；第四是尊重的需要，人格能得到别人的尊重；第五是自我表现的需要，实现自身的价值。学生也有这五种需要。家长和老师要了解学生的需要。家长和教师往往只关注孩子生理、学习上的需要，不关心别的需要。有的教师体罚或用语言伤害孩子，就是不重视孩子尊重的需要，这是最伤害学生的。我曾经问过学生："你们最不喜欢的是什么样的老师？"他们回答说："最不喜欢说话损人的老师。"所谓损人，就是不尊重人。十多年前，浙江金华有一名学生把自己的母亲杀了，社会为之震惊。后来有人到监狱去采访他，他对杀害自己的母亲很漠然，认为自己的什么需要都得不到满足，母亲只逼着他念书，生活没有乐趣。采访者哀叹，实际上他的母亲已经在精神上把自己的孩子扼杀了。可见，我们爱孩子，要了解孩子的需要，合理的需要要给予满足，不合理的需要要加以引导，特别不能伤害孩子的自尊心。

　　怎样才能理解孩子？就要善于与孩子沟通。要与孩子沟通，就要平等地对待孩子。常常有家长问："为什么孩子到五、六年级的时候就不大愿意和父母说话了？"我就问这位家长："你是不是能倾听你孩子的讲话，能不能把孩子的话听完，然后与孩子交流？"有许多父母往往不等孩子讲完，就唠唠叨叨地说孩子这也不对，那也不是。长此以往，当然孩子就不愿意与父母交流了。教师对待学生也是这样，要善于倾听学生的声音，平等地与学生交流。为什么学生喜欢与同伴交流，与网友交流？因为与同伴、网友是平等的。而对父母、对教师，觉得他们是大人、是权威，他们永远是对的，他们总是会教训人。因此，父母也好，教师也好，要想与孩子沟通，就要放下架子，平等地对待孩子，不要摆出大人的权威，要与孩子交朋友，倾听孩子们的心声。如果孩子能把心里话讲给家长听，教育就成功了一大半。

三、没有兴趣就没有学习

这也是我在现实教育实践中体会到的道理。我在北师大附中工作时发现学生对感兴趣的课程学习得比较认真，比较刻苦，对不喜欢的课程就马虎敷衍。北师大附中有许多优秀教师，课讲得好，学生很喜欢。其中有三位数学老师，因为课讲得好而在北京教育界很有名。一位名申介人，教高一三角，号称"申三角"；一位名韩满庐，教高二代数，号称"韩代数"；一位名曹振山，教高三几何，号称"曹几何"。还有教化学的尚兴久老师、教生物的陈婉芙老师、教语文的时雁行老师，都因为课教得好，受到学生的欢迎。学生上他们的课就兴致盎然，效果也好。也有一些教师的课上得一般或者较差，学生就没有兴趣，学习也就提不起劲头来。

师生关系会影响到学生的学习兴趣和学习积极性。师生关系好的，学生愿意学习他教的课程；师生关系不好的，学生就不愿意上他教的课程。

当然，决定学生学习兴趣的是他的学习动机，即人的一种内驱力，是人的活动的内在动机。从心理学来讲，人的行为总是有一种动机在驱动，学生的学习也有动机在驱动。动机有外部动机和内部动机之分。父母、教师的奖励和惩罚，迫使学生学习，这是一种外部动力。这种动机是短暂的，父母或教师的奖惩过去了，这种动机就会消失。比如说，父母允诺，考试成绩考得好，奖励一部手机。结果考好了，手机得到了，再学习的动机可能就消失了；或者因为没有考好，没有得到奖励，学习的积极性也就没有了。可见，外部动机是容易消失的。只有内部动机才是持久的。内部动机是什么？就是对学习本身的兴趣，当一个人对某一学科、某种知识感兴趣，就有一种深入探究的冲动，促使他去努力追求。当然，外部动机可以转化为内部动机，多次奖励和引导可以使学生对学习本身逐步感兴趣。但这种奖励应该是精神的，物质奖励容易引起负面效应。正如美国著名心理学家布鲁纳所言："学习的最好刺激，乃是对所学材料的兴趣。"①

学习兴趣对学校教学很重要，对一个人的学习和成长也非常重要。对教师来说，培养学生学习兴趣是人才培养的重要一环。苏联教育家苏霍姆林斯基曾经说过：一个孩子到十二三岁还没有自己的兴趣和爱好，做教师的要为他担忧，担心他长大以后对什么都漠不关心，成为一个平平庸庸的人。

对学生来说，如果对学习缺乏兴趣，学习就不会刻苦，考试成绩即使上去了，将来很难有什么成就。纵观历史上的大科学家、大学问家，小时候并非是如我们现在认为的好学生，往往一般功课都不算好，但总有自己的兴趣和爱好。牛顿小时候父亲早亡，家境贫寒，在学校学习成绩很差，但迷恋于机械，爱做各种实验，经过努力，发现三大定律，成为伟大的科学家。德国化学家李比希生长在一个药剂师家庭，从小喜欢化学，上课时也想着化学，老师问他问题，他答不出来，老师很生气，

---

① ［美］布鲁纳著，邵瑞珍等译：《布鲁纳教育论著选》，人民教育出版社1989年版，第29页。

但他说："我长大了要当化学家！"有一次他把炸药带到教室里表演给同学看，发生了爆炸，结果被学校开除了。父亲送他到朋友家当学徒，结果因为在阁楼上做雷酸的实验，把朋友家的屋顶掀掉了。后来父亲把他送到波恩上学，经过自己努力，在化学上有多种发明，成为一名伟大的化学家。①

兴趣是学习最大的动力。所以《教育规划纲要》提出："激发学生的好奇心，培养学生的兴趣爱好，营造独立思考、自由探索、勇于创新的良好环境。"

但是我们现在学校中许多学生缺乏学习的兴趣，为了完成父母、教师的任务而学习，处于一种"被教育""被学习"的状态。到高中毕业的时候，还不知道选学什么专业。报考大学不是以自己的兴趣和志愿为依据，而是以考试的分数为依据。摸底考试分数高，就报考重点大学；摸底考试分数不高，就报一般院校。这样的情况怎么能培养出创新人才？前面我提到的华裔美国中学生，他上高中就有自己的目标，他喜欢数学，在学习指导教师的帮助下修学高难的课程，并学习明尼苏达大学的数学先修课程。到高中二年级就开始根据自己的爱好在网上选择将来要报考的学校及其各种信息，最终他选择了10所大学。我国现在的中学生很少有这样的意识和能力。

所以，在人才培养方式的改革中，要重视学生兴趣的培养。兴趣往往从好奇心发展而来。好奇心是人之天性，孩子长大到三四岁，对周围的事物很好奇，会向大人问这问那，这就是好奇心。父母和幼儿园的教师要保护儿童的好奇心，尽量回答儿童的问题，不要对儿童的提问不耐烦。有的父母会厌烦孩子的提

① 李辉、钱伟刚等编：《兴趣是最好的老师》，商务印书馆2009年版，第45页。

问，或者搪塞他的问题，这就会压抑他的好奇心，他长大了就会对事物缺乏兴趣和爱好。在小学教育中要鼓励学生大胆地思考，勇敢地提问。只有会思考、敢提问的学生对学习才能产生兴趣。

兴趣是可以培养的。苏霍姆林斯基常常用阅读来引发学生的兴趣。他说，有一个学生不爱学习，他就陪这个学生读书，读到有趣的地方，就说"我有事，你自己读吧"。学生自己读下去，慢慢对学习产生了兴趣。学生活动是最容易培养学生对学习的兴趣。20世纪80年代我听过北京市一位刘老师讲作文教学的经验。她说，小学生往往不爱写作文，她就把他们带到大自然里，让他们去观察，把观察的事物写下来就是作文。有一名学生最不爱写作文，但一次放风筝后，他写了放风筝的故事，写到开始风筝老放不上去，后来在风筝下面加上两条纸带，风筝就放得很高。老师觉得他描写得很真实细致，给他这篇作文评了满分。学生很高兴，并从此对作文就感兴趣了，越写越好。李吉林老师创造的情境教学，就是把情感活动与认知活动创造性地结合在一起，极大地调动了学生学习的积极性和兴趣，大幅度地提高了教学质量。

四、以学生为本，把学生放在教育的主体地位

前不久，一位精通外语的教育部的老同志告诉我，我国文件中常用的"受教育者"这个词，国外早已不用了，通常是用"学习者"这个词。这反映了对教育的理解和观念。现代教育是以学生为主体，不是教师把知识灌输给学生，而是学习者自己学习、自己体悟，内化为自己的知识和信念。

在前面我们在讨论学生观时就谈到学生主体的问题。其实前面讨论的"没有爱就没有教育"也好，"没有兴趣就没有学

习"也好，都围绕着是否把学生放在教育主体地位的问题。传统教育学派与现代教育学派的区别也在于此，当代东西方教育的差距也在于此。我国本着师道尊严的传统，总是过多地强调教师在教育中的作用，强调教师的主导作用，或者错误地理解教师的主导作用，把它理解为一切由教师来决定。其实教师的主导作用恰恰在于启发学生的主体性。

2006年我参加温家宝总理召开的教育座谈会时，我曾介绍过中西方教学方式的差异，我举了美国中学教学的三个例子。现在我把它们重复一遍。

我对总理讲，今天带来两本书，是一位在美国读书的十六七岁的华裔学生写的《我在美国上中学》，一本是初中卷，一本是高中卷。可以看看人家的教育理念和教育方法。

第一个例子是初中一年级的艺术课。老师说："这个学期学习传统的和现代的绘画艺术。我不会讲著名艺术家的知识，而是让你们自己去调查研究这些艺术家，找出他们的代表作品，找出他们的艺术风格和艺术特色，然后给全班同学做一个报告，并向全班同学布置一个作业，让大家按照报告的那种艺术作品形式来完成作业。"学生对老师的布置都拍手叫好。下课后学生就选自己喜欢的艺术家。第一位学生汤姆选的是达芬奇。他介绍了达芬奇的生平、代表作品、风格，然后向同学布置任务，用达芬奇现实主义的方法画旁边的同学。于是大家就画起来。

第二个例子是生物课。老师布置的作业是采集树叶。书上列出二十多种树叶。老师说："我不会给你们树叶检定表，要你们自己去找到树叶的图像。你们可以查参考书、上网或者找植物学家咨询。采集树叶后要查出每一种树叶的正式名称、结构、附属物、排列、形状、边缘和脉型。"然后老师教学生如何画树叶。这个作业两个星期内完成。课后学生到处去找树叶、找资料，并将找来的树叶对照，完成作业。

第三个例子是高中一年级，也就是九年级的历史课。这一学期讲1845—1945年的世界史。布置的作业是"历史文化组合：1845—1945年"，包含十项内容：历史事件表、历史人物专访、对历史人物的讣告、对历史人物的颂文、历史电影评论、一本书的书评、史评、一幅历史画的画评、假如历史可以假设、献辞。作业的封面设计有两个要求：一是采用对美国历史的艺术表达形式；二是镶嵌历史名人的名言。这个作业两个月内完成。那个华裔学生说他选择的历史事件是第二次世界大战中的东方战场，访问的历史人物是陈纳德，写的颂文和讣告是宋庆龄。

2013年我参加了在北京中关村三小举办的中美教育教学展示会，听了美国老师上的英语课和数学课，发现老师讲得很少，只是不断地提问，启发学生的思考。一名中关村三小的毕业生在美国读初中，在会上展示她的作业，也像上面讲到的是一本自己设计制作的作业本，图文并茂，非常漂亮。

我国的教育要在学生主体地位这个问题上来一个根本转变。我们往往低估了学生的能力，总是用灌输的方式让学生接受。其实学生的潜在能力是很强的，他们自己能解决很多问题。

2012年5月14日，美国著名教育家、《第五项修炼》的作者彼得·圣吉在北京海嘉国际学校主持一次跨文化教育论坛，他批评传统教育低估了学生的能力。他说，凡是教学上难以解决的问题，交给学生，他们就能解决。话说得绝对一些，但确有道理。我国山东杜郎口中学的教学改革就是一个很好的例子。该校崔校长告诉我一个故事，他说他上中学时，有一天老师要到县里开会，课就让他来上。当时他很忐忑，但认真准备后就去上了。结果同学很欢迎，说比老师讲得还好。他当校长以后，发现教师水平较低，有些课没讲透。他就想起自己的经历，于是提出教学改革，教师少讲，让学生自己学习，自己来讲。结果极大地调动了学生的学习积极性。

现在许多地方在推行有效课堂，其核心理念也是以学生为主体，充分发挥学生的主动性和积极性。我在广西玉林听过几堂用有效课堂模式设计的课，发现学生的积极性、教师的积极性都很高。学生分小组自己梳理知识点，编制知识树，然后互相交流、互相补充。学生个个敢于提出不同意见，学习气氛很热烈。这样的学习让学生对课文理解得深，知识记得牢，而且培养了学生的分析批判能力。

链接

在北京十一学校，没有所谓的好学生和坏学生，每个人都只是他自己。校长李希贵说："我们的路径很清晰，发现每一个学生的不同，唤醒每一个学生的潜能，启动每一个学生的内动力，让每一个学生成为自我发展的承担者。只有解放了学生，让他们拥有相信自己的力量，他们才能去实现心中的梦想。"

（摘自《报刊文摘》2014年2月26日）

第五章 ▶▶▶

改革人才培养模式（下）

一、把学习选择权还给学生

2013年秋天，我忽然接到《辽宁日报》一位记者打来的电话，说沈阳市一名文科高考状元被香港大学录取了，并且有丰厚的奖学金，但去了一个月退学回来了，复读以后准备明年再考北京大学，问我有什么看法。我说："我没有什么看法。"记者又说，在沈阳人们为此事议论纷纷，说："这个孩子怎么那么傻，考了高分，被名牌大学录取了，还有奖学金，怎么就放弃了？"大家觉得不可思议。问我怎么看。我说："这是她自己的选择，有什么好议论的？她一定有自己的想法才做出这样的选择，我们应该尊重她的选择。"人们总是用考试成绩来判断事物，这是一种考试思维定势，一种分数主义，所以对这件事大惊小怪。如果用学生是主体，学生有自主选择权的思维来看这个事件，这也就不足为怪了。

以学生为主体，培养学生的兴趣和爱好，改变"被教育""被学习"的现状，就要把学习的选择权还给学生。前面我们讲到因材施教，正确的理解是给不同的学生提供适合的教育。学校和教师的责任是为每个学生营造一个良好的学习环境。

我们要改变全国用一套教学计划的办法，提倡多样化。新的课程改革把教学计划改为课程标准是有道理的。过去教学计划作为国家规定课程教学的法定文件，内容、课时规定得很死板。课程标准强调的是标准而不是计划，执行标准应该有灵活性。且不说个体的因材施教，从全国范围来讲，我国地域辽阔，经济社会发展差距很大，教育发展水平不同，执行课程标准要结合当地的情况，不能一律要求。现在各地反映课程标准的要求太死，安排的课时完不成。我认为应该允许各地灵活执行，达到国家要求的标准即可。

学习本来是学生自己的事，是学生的权利，我们应该把学习的选择权还给学生。当然，把学习选择权还给学生，并不是放任不管，教师有责任加以指导。特别是低年级的儿童，他们还没有能力选择，更需要教师和家长的指导。

国外许多优质学校都设有学习指导老师，了解学生的兴趣爱好和过去学习的成绩，帮助学生选修课程，设计学习方案。

特别是高中阶段，应该培养他们自主学习、规划生涯的能力。《教育规划纲要》提出："高中阶段教育是学生个性形成、自主发展的关键时期，对提高国民素质和培养创新人才具有特殊意义。注重培养学生自主学习、自强自立和适应社会的能力，克服'应试教育'倾向。"

为了使学生有选择的机会，课程多样化、选课制是必备的条件。特别是高中，要减少必修课，加强选修课。高中设立选修课与高中不分科的方案有没有矛盾？在《教育规划纲要》制定过程中，我们曾对高中分不分文理科问题进行了一场大讨论。许多家长和学生都赞成文理分科，只有少数专家认为，高中不应该分科。许多教师和家长不能理解高中不分文理科，这是否与因材施教有悖？其实，高中阶段不分科，学生并非都学一样的课程，而是要学好国家课程标准规定的课程，打好基础，并在此基础上选学符合自己爱好和能力的课程，充分发挥自己的特长。现在高中的文理分科是高考指挥棒逼出来的，许多文科班的学生并非真正喜爱文科，往往是理科没有学好，将来报考理科风险太大，所以选择文科。今后高考不分文理科，这种顾虑就打消了，学生可以把文理各科基础学习好，再选择自己真正喜爱的学科，满足自己的发展需要。这样才有利于拔尖创新人才脱颖而出。

浙江省从2011年就推出了《浙江省深化普通高中课程改革方案》，根据"调结构、减总量、优方法、改评价、创条件"的总体思路，对高中课程进行了调整，把必修课由116学分减到96学分，选修课由28学分增加到48学分，选修课程占总学分的比例由原来的19.4%提高到33.3%。这为学生的选择提供了条件。

北京十一学校开展更大胆的实验，从初中一年级开始就实行选课制和走班制。例如数学就分成数学Ⅰ、数学Ⅱ、数学Ⅲ，学生根据自己的爱好和能力进行选择。最近《中国教育报》详细报道了该校的走班经验、为每个学生个人定制的课程，全校4 400多名学生，就有4 400多份课表。我有一个朋友的孩子，2012年进入该校初中一年级，就学会了在网上选课。我问他对学校的印象，他说："自由"。2014年初，他已上初中二年级，我问他现在还自由不自由，他回答说："已经不自由了，压力很大，因为喜爱数学，选了数学Ⅲ，最高难的班，觉得不努力会跟不上，降到数学Ⅱ，多没面子。"2013年我们去访问该校，参观了它的科技实验室，学生饶有兴趣地在那里做各种实验。这样的改革有利于人才的培养。北京十一学校还成立了科学实验班，这些班都不是一般意义上的文理分科，而是为培养科学人才和文科人才而专门设计的，招收的学生都要经过严格考验，确认有这方面的天赋、

爱好和能力。在这样一些实验班里已经走出不少有所造诣的人才。我想，这就是课程改革的方向。

二、改善教学方法

现在大家都在讨论如何破解"钱学森之问"。当然，杰出人才不只是中小学课堂里培养出来的，还需要各种条件，但中小学的课堂教育却具有基础性的作用。钱学森本人也认为对他一生有影响的是两段时间：一段是在北师大附中学习的6年，另一段是在加州理工大学读研究生时期。可见中学时代的教育对一个人的影响很大。因此，改进培养方式，改善教学方法，是当前教育改革的重头戏。

《教育规划纲要》第三十二条指出："创新人才培养模式。适应国家和社会发展需要，遵循教育规律和人才成长规律，深化教育教学改革，创新教育教学方法，探索多种培养方式，形成各类人才辈出、拔尖创新人才不断涌现的局面。"这一段话就是要求学校的教学工作要进行深入的改革，主要是教学方式的改革。

教育活动、人才培养在学校中最终要落实到教学方式上。传统的教学方式是灌输式教学，是教师滔滔地讲、学生静静地听的被动接受式。这种方式不能培养学生的思维能力。课堂教学改革就是要把灌输式教学转变为启发式、参与式教学，组织学生开展探究性学习。我国新一轮的课程改革也竭力提倡探究性学习。

什么是探究性学习？探究性学习要求教师鼓励学生自己提出问题、讨论问题，自己提出答案。①1960年布鲁纳提倡发现法，他从心理学的角度提出学生学习过程的许多心理学问题。发现法要求教师不是把现存的结论告诉学生，而是由学生提出问题、设定假设、收集资料进行论证，自己得出结论，目的是"不仅要教育成绩优良的学生，而且也要帮助每个学生获得最好的智力发展"②。实施探究性学习，就应以学生为主体，充分发挥学生的潜能。上面介绍的美国中学的几节课可视为探究性学习的案例。进一步还可以让学生自己提出课题，自己开始探索。这需要时间。许多教师往往觉得哪来这么多时间让学生去探索。其实时间是有的，教师可以少讲一些，少布置一些练习性的作业，把时间腾出来让学生去思考问题。

2012年我们在宁波参观一所小学，学校开展"家庭实验

---

① 顾明远主编：《教育大辞典》（修订合编本），上海教育出版社1998年版，第1520页。

② [美]布鲁纳著，邵瑞珍等译：《布鲁纳教育论著选》，人民教育出版社1989年版，第25页。1957年苏联第一颗人造地球卫星发射成功，美国朝野震惊，普遍认为美国的教育出了问题。1958年，美国国会通过了《国防教育法》。1959年9月，35位科学家、学者和教育家集会于科德角的伍兹霍尔，讨论如何改进中小学的自然科学教育问题。《教育过程》就是布鲁纳对该次会议的总结报告。

室"活动。一些小学生在家里建立"小小实验室"，开展小实验。他们向我们展示了他们的实验。实验有设计方案，方案中列举了研究目的、研究方法、研究过程、研究结果，真是像模像样的科学研究。这种研究不限于课本内容，但可以培养他们的科学精神和探究的能力。

探究性学习是每个孩子都能做到的，只要有意识地启发和引导，学生自己会找出许多课题。

链接

研究目的：

探索莲草直胸跳甲的食性特性，了解其生态学特性，为大力繁殖莲草直胸跳甲、科学防治空心莲子草等农业害草提供科学依据。

实验名称：

实验一：莲草直胸跳甲是否真的能够消灭空心莲子草？

实验二：在不同的环境中，莲草直胸跳甲消灭空心莲子草的能力一样吗？

实验三：莲草直胸跳甲会不会吃掉其他农作物呢？

实验四：能否让莲草直胸跳甲吃掉其他杂草与害草呢？

实验结论：

1.莲草直胸跳甲是一种单食性昆虫，喜欢在河道、水沟、潮湿或者低洼农田埂上繁殖，能够把水生型空心莲子草成片吃掉，控制作用明显，但是对于生活在一些地势较高的旱地空心莲子草的控制效果不明显。

2.用莲草直胸跳甲防治空心莲子草，是一种针对性强、安全性高的方法，不会伤害别的作物，而且对环境没有危害。

3.别的植物上洒上空心莲子草的汁液，莲草直胸跳甲也会喜欢吃，这个实验结果可以用来研究利用莲草直胸跳甲来消除别的农业害草。

创新点：

利用空心莲子草的汁液去消除其他有害植物，不仅仅节约资源，还可以消灭有害的植物，真是一举两得呀！

三、充分合理地运用信息技术

信息技术的发展及其在教学中的运用，正在引起一场教学革命。它正在改变教学环境和教学形态以及师生关系，为个别化教学、个性化学习以及远程学习提供了有益的平台。教育信息化的主要特征是开放性、个性化、网络化、国际化。

众所周知，传统的教学是以课堂为主、教师为主、课本为主。虽然以杜威为代表的现代教育派批判传统教育，提出以儿童为中心、以儿童兴趣为主、以儿童的活动为主的主张，但是在当时的技术条件下，教学仍然离不开课堂，离不开教师，离不开课本。在信息化时代，情况就大不相同了。信息无处不在，学生可以通过各种媒体获得大量信息。现在两岁的幼儿就会摆弄平板电脑，从游戏中获取各种知识。互联网把信息传播到世界每一个角落。

　　信息化改变了教师的角色。在信息化社会，教师已经不是唯一的知识载体，也不再是知识的权威。学生可以通过各种媒体获得知识。那么，教师的作用何在？教师要用信息技术为每个学生设计适合于他的个性化学习环境；教师要指导学生在信息海洋中采取正确的策略和方法，收集和处理有益的信息，而不至于迷失方向；教师要帮助学生克服学习中的困难。因此，教师应当成为学生学习的设计者、指导者、帮助者。

　　教学要以学生为主体。在信息化时代，教学正在由以教师为主导的教学转变为基于学生学习的教学。信息化的最大特点是个性化和网络化。教师要抓住这个特点，为学生个性化学习设计良好的环境，通过互联网与学生沟通、与家长沟通。同时利用大数据的方法，收集学生学习信息，了解学生学习的情况和困难，及时帮助解决。

　　当前许多教师把使用电脑编制课件作为运用信息技术改进教学的方法。实际上，制作课件只是信息技术最初步的运用，远远没有发挥信息化的真正功能。学校应该建立互联网的服务站，做到班班通、家家通，为全校师生、家长互相沟通、互相了解、互相支持创造条件。

　　教师上课使用课件要适当。课件固然有它的优势，它能够把事物生动地展示给学生。它可以把宏观的东西缩小，把微观的事物放大，把抽象的符号变为具体的事物，让学生直观地感知；可以通过画面、动漫引起学生的兴趣。但是，如果运用不当，会成为"讲义搬家"，仍然会陷入教师的独家表演。学生与课件是一种人与机的关系，只有教师参与其中，才体现出人与人的交流。课件往往有以下一些局限性。第一，它会束缚教师的思维。课堂教学常常千变万化，学生学习过程中会产生不可预见的情况。而课件一旦制作完成，往往具有固定性，遇到课堂中的变化难以即时调整，缺乏灵活性。第二，它缺乏人情交流。例如，课件里有一个圆，学生的感知就是一个圆。如果教师在黑板上一笔画出一个漂亮的圆，学生会感到惊奇，会有一种与教师情感上的交流。第三，它压缩了学生思考的时间。一个概念出现在课件上，学生的感知往往一带而过。如果教师在黑板上把一个概念慢慢地写出来，学生会一面感知一面思考。因此，我认为，教师使用课件要适当，要根据信息技术的特点，选择教师无法表达或者能够帮助教师更有效表达的内容。教师虽然已经不是唯一的知识载体，但毕竟闻道在先，应该在课堂上显示自己的知识魅力和人格魅力。

今天，平板电脑已经逐渐走向课堂。据报道，荷兰已经有11所学校运用平板电脑上课，不再使用纸质教材，并认为这是将来发展的趋势。我国也有一些学校开始试用电子书包。我观看了几堂运用平板电脑的课，发现学生对使用平板电脑学习有极大的兴趣，教师可以与学生互动，及时了解学生学习的情况。但是同时又感到，这些课还缺乏个性化的学习，学生只是在平板电脑上选择教师设计好的答案，无法反映学生的个性思维。运用平板电脑上课，如何发挥信息化所具有的个性化、网络化的特点，还需要在技术上有所突破。现在国外出现一种翻转教学。什么叫翻转教学？传统的教学是学生在课堂里听课，回家做作业，翻转教学是倒转过来，在网上听课，到学校教室里讨论、做作业，教师给以辅导和帮助。这种教学模式有利于个性化学习。传统教学中，教师讲课的进度往往只按照中等水平的学生情况，这就会使一部分聪慧的学生觉得教师讲得太慢，感到"吃不饱"，而另一部分学习吃力的学生又会觉得老师讲得太快，跟不上。如果把课放在网上，学习好的学生可以很快地学完应学的课程，学习吃力的学生可以反复播放网上的课程，多次理解。当然，网上的课程要制作得好，不仅符合学生认知的规律，而且生动活泼，具有趣味性，能够引起学生的学习兴趣。我认为可以把翻转教学与传统教学结合起来。教师把课件挂到网上。学生在传统课堂上听课，有必要的话回家还可以在网上再听课。这就要求教师把课件做得精当。

教育信息化运用在远程教育上非常有效。现在教育部正在研究把优质教育资源挂到网上，让农村地区、边远地区的学生在网上也能听到优秀教师讲的课。现在网上出现了"慕课"（MOOCs）①，即网上在线课程，主要在大学开展。基础教育也可以开展网上课程。美国的"可汗学院"的课程就是中小学的课程。

北京市通过云计算已经把一万节优秀教师的课挂在网上，让学生选学。这是使用信息化很好的实例，可以把优质教学资源通过网络传播到各个学校，是扩大优质资源、促进教育公平、提高教育质量的很好方式。

近年来学术界又在议论大数据时代。大数据的精髓在于我们分析信息时思维方式的转变。大数据的特点是具有普遍性、预测性，人们可以根据大量的信息来判断事件发生和未来的发展趋势。大数据在商业上、流行病防治上、气象预报上的运用已很普遍。在教育领域如何运用？我开始觉得只可以运用到教育管理上，如通过大量信息了解学生的学习状态、生活情况等。但前不久北师大项华老师在北京市少年科学研究院的实验打破

---

① "慕课"的英文名为 massive open online course，2008 年开始出现。

了我的思维局限性。他带领小学生运用大数据方法开展科学实验，取得很大成功。我观看了四项实验，它们都非常有意义。其中一项是一名小学生关于北京北五环来广营一段路的拥堵问题的研究。她利用上下学的时间拍摄了大量该地段的照片，又从交通网上收集该地段车流量的信息，分析得出结论，指出该路段车辆拥堵的原因和解决的建议。另一个小学生做的是张力的实验。他观察到镍币浮在水面，水面有一个凹度，这个凹度是水的张力。之后，他又在水和酒精的混合液体中加入香油，模拟王亚平在太空实验室做出的失重下水泡，说明水有张力。据项华老师讲，这种张力实验在大学二年级的物理课才讲到。但一名六年级的小学生做到了。看了这几个孩子的实验后，我豁然开朗，大数据不仅可以运用在教育管理上，而且可以运用在教学上。它将促进我们思维方式和教学方式的转变。

我认为，信息技术在教学中的运用，应该正确处理好"器""技""气"三者的关系。"器"指的是工具，是硬件，即电脑硬件。这是信息技术的基础，它正在日新月异地发展。这是信息技术开发研究的任务。"技"指使用信息技术的技能，包括制作软件和使用软件的能力。对一般教师来讲，主要是要掌握使用已有软件的能力。"气"指的是内容及其包含的人文精神，即神气。（中国传统文化很看重"气"字，如"气魄""气概""浩然正气"，就是讲一种精神，我这里为了与"器"和"技"同一个声韵，所以借用这个"气"字。）教师在运用信息技术时就要着重研究这个"气"字，选择好合适的内容，使它与教师的活动配合起来，把教育的人文精神贯穿其中，真正起到教育的作用。

有些学者认为，随着信息技术在教学中的运用，教师的作用逐渐消退。这是不正确的。在信息化时代，教师的作用不是消退了，而是加强了。电脑要靠教师去使用。教师既要能够运用信息技术为每个学生设计个性化学习平台，又要能够指导学生正确采集有益的信息和处理信息，把信息转化为知识和智慧。要知道，信息不等于知识，有益的信息才是知识；知识不等于智慧，需要把知识内化为自己的理念并学会应用学到的知识去解决实际问题，才能成为智慧。培养学生的思维能力和社会能力，光靠"器"和"技"是解决不了的。尤其教师的人格魅力，是任何机器代替不了的。

2012年3月，经济合作与发展组织发表了《为21世纪培育教师 提高学校领导力：来自世界的经验》报告。报告介绍了"21世纪技能评估与教学项目组"汇集的来自世界各地60多个研究机构的250多名研究者的意见，指出21世纪学生必须掌握以下四方面的技能。

思维方式：创造性，批判性思维，问题解决，决策和学习能力。

工作方式：沟通和合作能力。

工作工具：信息技术和信息处理能力。

生活技能：公民、生活和职业，以及个人和社会责任。

此外，报告还说明："这些变化对教师的能力要求有深远的影响，教师必须将21世纪的生存技能更有效地教给学生……使他们成为终身学习者，掌握无定式的复杂思维方式和工作方式，这些能力都是计算机无法轻易替代的。"①

---

① OECD. Preparing Teachers and Developing School Leaders for the 21st Century. http://www.oecd-library.org/education/preparing-teachers-and-developing-school-leaders-for-the-21st-century_9789264174559-en.2012-12-16.

可见，机器是永远代替不了教师的作用的。教师的作用就在于遵循教育规律和儿童认知规律，灵活地、巧妙地运用现代化信息技术，使学生获得学习的成功。

四、学生成长在活动中

这两年，一位美国教师在中国走红，他的名字叫雷夫·艾斯奎斯。他一直在美国洛杉矶市霍巴特小学担任教师，2012年、2013年两次受邀来华讲学，在北京、上海、深圳、济南等城市演讲，和我们的教师、校长对话，听众往往达千人。我虽然没有亲自听他的讲演，也没有和他对话，但我读了他的《第56号教室的奇迹——让孩子变成学习的天使》和他在中国的讲演录。我觉得他的经验无非两条。一是信任。他相信每个孩子都能成才，因此尽力帮助每个孩子。而且每个孩子也信任他，觉得在他身边有安全感。有了这种互相信任的关系，教育就变得容易了。二是活动。他组织学生活动，让学生在活动中体验生活，养成良好的品质。他在书里讲，学生一进入他的班级，他首先组织学生排演莎士比亚的戏剧，每个孩子担任一个角色。他说，孩子都有表现的欲望，都想把角色演好，从而就培养了学生的责任心、和同伴合作的精神等品质，培养了学生学习的兴趣和爱好。他还组织其他种类的活动。他从来不惩罚学生，而是培养学生对自己的行为负责。他举例说，有一个孩子在球队里不能与同伴合作，他就让这个孩子退出球队，并不处罚这个孩子，也不与这个孩子谈话。一个月以后，这个孩子说："我想回球队。"雷夫只对他说："如果你能和同伴合作，你就回去。"他把道德自觉作为教育的最高境界，即有自己的行为准则并奉行不悖，不需要别人监督或奖惩。雷夫从教二十多年，曾获美国

"总统国家艺术奖""全美最佳教师奖"和英国女王颁发的"不列颠帝国勋章"等。为什么能得这么多奖？因为他教书的学校处在一个很落后的社区内。社区居民有酗酒的、吸毒的、打架斗殴的，孩子受到很不好的影响。但是这所学校的孩子经过他的教育，个个都获得了成功。他写了《第56号教室的奇迹——让孩子变成爱学习的天使》，我很喜欢这本书的副标题。

实践活动是最好的老师，在活动中学生能够学会遵守规则、克服困难、对自己的行为负责等。我们的品德教育往往停留在书本上、口头上。我在中学工作时就有过许多教训。学生犯了错误，我就把学生叫到办公室谈话。开始的时候我还心平气和，但学生往往不听我这一套，和我顶牛。谈话越谈越僵，我的火气越来越大，结果不欢而散。我渐渐感到书面和口头教育都不是办法。当然，道理还是要讲的，但要真正让学生理解和付诸行动，还必须让学生在活动中体现。因此我说："学生的成长在活动中，我提倡活动教育"。

我国人民教育家陶行知提倡"生活教育"，强调学生要以社会和生活为学习对象，并在生活中学习。陈鹤琴则提出"活教育"，批判旧教育为死教育，脱离儿童实际，主张儿童到大自然、到大社会去获取知识。他们都主张儿童要在生活中、在实践中学习。我提倡的"活动教育"与他们稍有不同。他们都把生活作为学习的对象。我提倡的活动教育是指儿童成长的过程，主张儿童的成长是在他自己的活动中。活动既指学校课堂上的活动，也指在家庭中的活动、课外活动。总之，是指儿童参与的一切活动。儿童成长在活动中，是指儿童依靠自己的活动成长，外在的一切教育影响只是儿童成长的条件。而成长的决定因素是儿童自己的活动、自己的体悟。

在课堂上要让学生参与教学活动，参与并非限于一定的讨论、提问、发言，更重要的是让学生的思维动起来。学生的活动并非指学生的肢体动作，更重要的是学生的思维活动。有些课堂搞得很热闹，学生讨论得热烈，甚至又唱又跳，但据我观察，总有少数学生没有积极参与，似乎是旁观者。不要以为讲解课就没有学生的活动，如果教师的精辟讲解能够启发学生的积极思维，讲解课就是一堂好课。学习是一种思维活动，学生只有在积极的思维活动中才能获取知识和能力，才能把知识内化为智慧。为什么大家批判"应试教育"？就是因为"应试教育"让学生做大量的练习，机械地做题，学生似乎也是在活动，但缺乏积极的思维活动，因而阻碍着学生的发展，抑制了学生的自由成长。

课外活动很重要，让学生接触大自然，接触社会。课外要组织学生喜爱的活动，甚至让学生自己去组织，培养他们的组织能力、交往能力。

学生在活动中不仅激发了学习兴趣，而且习得了各种品德。当他们在活动中遇到问题时，就会主动探究，寻求答案。

我们现在的学校怕组织学生活动，最怕安全问题。但这样不利于我们的孩子成长。

> **链接**
>
> ## 小书房走向大世界
>
> 　　江阴市山观实验小学从1993年开始创建"红领巾小书房"，推动儿童读书。后来又引导每个家庭都建立"红领巾小书房"，改变了整个社区的文化。2004年我去参观，有所感而写下"读书、思考、实践，从小书房走向大世界"几个字。经全校教师讨论，这几个字成为他们学校文化建设的核心。

五、怎么看待减轻学生的课业负担

　　2014年教育部公布减负十条。社会上议论纷纷，认为是瞎折腾。学校教师说："课程内容那么多，考试压力那么重，学生课业负担怎么减得下来？"家长说："学业负担减下来以后学生干什么？""升学压力那么大，竞争那样激烈，谁敢把学生学业负担减下来？"于是，学校在减少作业，家庭在增加作业，各种课外补习班红红火火，越来越兴旺。大家对减负没有信心。

　　学生学业负担重不重？显然很重，教师、家长都能感觉到。前两年我们到各地调查，学生学业负担之重，难以想象。中小学生的课业负担主要表现在文化课上，特别是"应试"科目的学习上。智育被窄化为书本知识的掌握和记忆，不重视最重要的思维训练和培养；教学内容任意补充，教学辅导用书随意增加，超课程标准现象十分普遍；作业量大，题海战术，教学时间任意延长，课外作业几乎占尽了学生的全部时间。中小学生课业负担过重集中表现为以下三个方面。

　　一是早起晚睡，睡眠时间少于国家规定时间。据有关调研表明，中小学生长期睡眠不足，许多学生早上五点半起床，晚上十点才能睡觉。天津市中小学生睡眠状况调查报告显示，中小学生平时睡眠超六成不达标。①

二是上课时间长，考试次数多，自由时间少。有关调研表明，中学生平均每天上11节课，其中高中生平均每天上12节课。小学生平均每天上6—7节课。初中生平均每周考试4次，高中生平均每周考试3次。中学生课后在校基本上没有自由活动时间。

三是家庭作业多，补课多，上校外补习班多。有关调研表明，中学生平均用2—3小时做家庭作业，小学请家教的占24％，上补习班的占71％，有的学生参加多达五六个补习班。大部分学生不做任何家务劳动，没有任何体育活动。小学生每天做家庭作业的时间超过100分钟，中学生周末到校上课时间超过6小时。高三和初三毕业班学生暑假一多半时间在学校上课。许多学生春节也只能休息两三天，因而缺乏体育锻炼，体质下降。北京市中小学生体质健康状况调研报告显示：近一半小学生、超八成中学生视力不良；中小学生中"小胖墩"占两成，其中近半数有脂肪肝。②

我国中小学生课业负担过重的问题由来已久，历届党和国家领导人都高度重视解决这一问题。新中国建立初期，1950年6月19日毛泽东就给教育部部长马叙伦写信："要各校注意健康第一，学习第二。"1965年7月3日毛泽东又给中宣部部长陆定一写信："学生负担太重，影响健康，学了也无用。建议从一切活动总量中，砍掉三分之一。"周恩来也明确提出要"重点减轻

① 见《中国教育报》2014年3月21日。
② 见《北京晚报》2014年3月18日。

课程负担"。改革开放以来，国务院又多次发布过学生课业负担问题的意见和指示。国家教育行政部门接连多次发布"减负"的文件，采取一系列措施减轻学生过重的课业负担。据说，教育部发的"减负"文件不下40次。由此可见，我国"减负"工作已进行了六十多年的时间。六十多年来，虽然在一些地方、学校出现了减轻中小学生课业负担的好做法，收到一些成效，但时至今日，从总体上来看，中小学生课业负担问题没有得到根本解决，并且愈演愈烈。

学生的学业负担之所以减不下来，其根源就在于我们在前面所说的社会种种矛盾。同时，教师和家长总是不放心，认为学习负担减下来，学习质量就会下降。但是过重的课业负担摧残了学生的身体健康，并使学生产生了诸多心理疾患：厌学、焦虑感强、归属感差，个别严重的会出现人格扭曲，导致异常的反社会行为倾向。更为严重的是，它扼杀了学生的学习兴趣、好奇心、创新精神和实践能力，长此以往，将对民族未来和国家发展产生极其严重的危害。

有一种误解，认为减轻学业负担，学生学习时间少了，教育质量就会下降，其实减轻学业负担，并非减少学生的学习要求，而是让学生用另一种方式学习。对儿童来说，玩儿也是学习。

减轻学业负担，可以让学生有时间思考，把学思结合起来。学习得更主动，有兴趣地学习，学习效果会更好。

减轻学业负担，有利于学生参加自己喜爱的文化、科技、体育活动，有利于学生特长的发展。

链接

令人深思的"家长求补课"

据报道，近日有四十多名高三学生家长来到陕西榆林中学，要求学校恢复寒假补课。学校向家长出示了教育局禁止补课的规定，并以此为由拒绝了家长们的要求。

家长要求学校补课看似无理无知，其实是在"唯分数论"的"应试教育"体制逼迫之下的无奈之举。都知道孩子补课辛苦，但是别人的孩子都补课了，自己的孩子不补，恐怕睡觉都不踏实。为了孩子的前途，哪个家长敢大意？

虽然我们常说"榜上无名，脚下有路"，但是，绝大多数孩子和家长都将上大学、上名校作为唯一目标。从一些孩子身上可以看出，高考确实承担了过重的负担。即便是有孩子认为自己不适合上大学，可其他的路在哪里呢？

要让家长真正理解和支持"禁补令"，还孩子们一个真正的假期，必须让孩子和家长看得见脚下的路。更重要的是，社会要为孩子们提供更多的出路和发展空间，需要家长的理解和本人的理性选择。只有如此，才能真正做到"让每个孩子赢得人生出彩的机会"。

（摘自《中国教育报》2014年2月10日）

第六章 ▶▶▶

教师是关键

一、教育大计，教师为本

有一位校长告诉我，家长"择校"以后还要"择"教师，指定要到某某老师的班上。可见，人人都知道教师对孩子教育的重要。但奇怪的是，很少有家长愿意把孩子送去读师范、当教师。这是一种悖论，其原因来自两方面。一方面是教师社会地位不高，待遇较低。虽然从中央领导到媒体不断呼吁尊师重教，一到教师节也搞得轰轰烈烈，但教师的职业仍然没有吸引力。另一方面是教师的思想品德、专业水平也亟待提高。媒体不时暴露教师队伍中的问题更影响到教师的形象。因此，加强教师队伍建设刻不容缓。

《教育规划纲要》在保障措施中的第一章就是"加强教师队伍建设"。其实，教师队伍建设不只是教育改革和发展的保障措施，更是教育改革和发展的根本。没有教师就没有教育，虽然自信息技术发达以后学校消亡论、教师消亡论不绝于耳，但至今没有一个国家不重视教师队伍的建设。影响学生成长的教师的知识魅力和人格魅力是任何机器代替不了的。正如《教育规划纲要》指出的："有好的教师，才有好的教育。"

中国有尊师重教的传统。古代荀子就说："国将兴，必贵师而重傅；贵师而重傅，则法度存。国将衰，必贱师而轻傅，贱师而轻傅，则人有快，人有快则法度坏。"（《荀子·大略》）这说明是否尊师重教关系到国家兴衰。802年，韩愈作《师说》，认为"古之学者必有师"，批评师道之不传已久。指出这种"耻于相师"的现象是愚昧的表现，也是造成愚昧的原因。1897年，盛宣怀在上海兴办南洋公学，首设师范院。他认为："师道立则善人多，故西国学堂，必探原于师范。"（盛宣怀：《筹集商捐开办南洋公学情形折》，1898年）当时有的老学究反对办师范，鲁迅于1918年《随感录二十五》中写道："前清末年，某省初开师范学堂的时候，有一位老先生听了，很为诧异，便发愤说：'师何以还须受教，如此看来，还该有父范学堂了！'这位老先生，便以为父的资格，只要能生。能生这件事，自然便会，何须受教呢？却不知中国现在，正须父范学堂；这位先生便须编入初等第一年级。"[①]可惜鲁迅批评的人至今还存在，至今还有不少人认为只要有知识，人人都可以当教师，何须学什么教育学、心理学的理论？更奇怪的是有些办师范的反而看不起师范教育，要把师范大学与综合大学看齐，把我国的师范教育弄得四不像。此话后面再谈。

二、我国师范教育制度的建立

我国师范教育制度与教师制度是同时向西方学来的。第一所师范学校是1897年盛宣怀建立南洋公学时首设的师范院。1902年京师大学堂成立师范馆，即现在北京师范大学前身，是中国高等师范教育之肇始。

我国整个学制开始以日本为蓝本，"师范"二字也源于日

---

① 顾明远著：《鲁迅作品里的教育》，福建教育出版社2013年版，第51页。

语。1902年的壬寅学制中《钦定高等学堂章程》第一章第七节规定："高等学堂应附设师范学堂一所，以造就各处中学堂教员，即照《京师大学堂师范馆章程》办理。"1904年1月颁布的癸卯学制（《奏定学堂章程》）把师范教育单列系统，专门制定了两级师范学堂章程，详细规定了办学宗旨、学科分类、课程设置、入学要求、毕业效力义务、附属学堂等。京师优级师范学堂首先照章办理，并根据当时实际情况编制了课程，引进国外现代教育课程，如教育学、心理学及各种自然科学，编撰了各种教材，包括一部分中学教材，初步奠定了我国师范教育的基础。

辛亥革命后，1912年教育部颁布《师范教育令》，将两级师范改为高等师范学校和师范学校。全国按6大区设立6所国立高等师范学校，以省为原则设立师范学校。到20世纪20年代，北京高等师范学校开始一系列的改造：延长修业年限、扩充学科专业、建立研究所、延聘优秀教师。1923年正式成立北京师范大学。1931年又与女子师范大学（前身为北京女子高等师范学校）合并，成为全国实力最强的师范大学。

20世纪20—30年代，我国师范教育经历了一番曲折。社会上出现了一股否定师范教育风。除北京高师外，其他5所高师或与普通大学合并，或停办。北京高师坚持师范教育方向，积极探讨高等师范教育发展的道路，充分论述了师范教育的专业价值，为北京高师升格为北京师范大学做好了准备。但是到1927年，北洋政府竟然借口经费困难，将北京9所大学合并为国立京师大学校。1928年南京国民政府实行大学区制，又将北京9所国立大学及河北大学、天津法政专门学校、北洋大学等合并而成北平大学。北师大与女师大师生开展了声势浩大的护校运动，他们从教育发展的要求、师范教育的专业价值、我国师资匮乏的现实提出师范大学单独设立的必要性。经过艰苦的斗争，师范大学终于在1929年恢复独立。但至1949年新中国建立前夕，我国高等师范院校只有12所，学生10 078人。[①]

中华人民共和国成立以后，党和政府十分重视师范教育。1949年底教育部召开第一次全国教育工作会议，就讨论了改革北京师范大学的方案，1950年5月19日正式颁布了《北京师范大学暂行规程》，这是新中国建立后高等教育方面颁发的第一个法令性文件。《北京师范大学暂行规程》全面规定了北京师范大学的办学宗旨、教学原则、学生、教学组织、行政组织等问题，是全面改革高等师范教育的重要文件。1951年8月27日至9月11日，教育部又召开了第一次全国师范教育会议。大会确定：每一大行政区至少建立一所健全的师范学院，由大行政区教育部直接领导；现有的师范学院要加以整顿和巩固；现在大学中的师范学院或教育学院以独立设置为原则。会议讨论通过了《高等师范学校的规定（草案）》，并于1952年7月16日公布试行。紧接着从1952年起在全国范围内进行了较大规模的院系调整。在这次院系调整中，高等师范教育在总体上得到了加强，辅仁大学并入北京师范大学，北京大学教育系和中国人民大学教育学教研室与北京师范大学教育系合并。但北京师范大学也受到不小的损失，不少系科被调出单独设院，如音乐系成为中国音乐学院的基础，体育系成为中央体育学院的前身，美工系扩建为艺术师范学校，英语专业归并入北京大学，还有不少著

---

① 教育部计划财务司编：《中国教育成就（1949—1983年）》，人民教育出版社1984年版，第51、57页。

名的教师被调到中国科学院及其他高等院校。[1]

与此同时，我们开始学习苏联的师范教育体系，幼儿师范学校培养幼儿园教师，中等师范学校培养小学教师，高等师范专科学校培养初中教师，师范学院和师范大学培养高中教师。为了提高在职教师的水平，按照苏联的模式，在县级单位成立教师进修学校，在省市级单位成立教师进修学院（"文化大革命"后改为教育学院）。至此，我们职前职后的师范教育体系基本完成。

"文化大革命"中师范教育受到严重破坏，大多数师范院校都被迫撤销或停办。据统计，1977年普通中学教师中民办教师占39.94%，小学教师中民办教师占65.8%；全国小学教师中具有中等师范及以上学历的只占28%，初中教师中具有高等专科学校毕业或肄业及以上学历的只占14.3%，高中教师中具有高等学校本科以上学历的只占33.2%。[2] "文化大革命"后师范院校才得以恢复和重建。经过多年的努力，至1989年，高等师范学校已达256所，在校学生492 057人；中等师范学校1 044所，在校学生684 627人。[3] 通过十多年的建设，这些学校培养了大批合格教师。

20世纪末21世纪初，我国师范教育经历了一场大的变革。1999年6月，中共中央、国务院发布了《关于深化教育改革全

---

① 毛礼锐、沈灌群主编：《中国教育通史》第5卷，山东教育出版社1988年版。

② 金长泽、张贵新主编：《师范教育史》，海南出版社2002年版，第152、156页。

③ 中华人民共和国国家教育委员会计划建设司编：《中国教育统计年鉴（1989）》，人民教育出版社1990年版，第20、22、42页。

面推进素质教育的决定》，提出："鼓励综合性高等学校和非师范类高等学校参与培养、培训中小学教师工作，探索在有条件的综合性高等学校中试办师范学院。"目的是想通过综合性大学和非师范类高等学校的参与来提高教师队伍的建设和质量。这种变化就是师范教育由封闭型向开放型的转变。

同时，随着教师专业化的提出，几位留学日本的学者根据日本的经验，认为师范教育的概念和体系已经落后，它只重视教师的职前培养，不包括在职培训，应该使用教师教育的概念和体系，把职前培养和在职培训结合起来。同时学界认为，我国教师的学历要求太低，特别是中师毕业的教师，其文化科学知识还不及普通高中毕业生，要求提高教师学历的呼声很高。于是师范教育的一场变革就开始了。变革的内容如下。

一是名称的变化：由师范教育变为教师教育。

二是师范教育由自成体系的封闭型向所有高等学校都能培养教师的开放型转变。

三是相应学历的要求，师范院校由三级师范（中师、师专、师院师大）变为二级师范，取消中师。小学教师由师专或师院师大培养。

四是把职前培养与在职培训结合起来，实行职前职后教育一体化。

这种变革使我国一千多所中师消亡，有的升格为师专，绝大部分改为普通高中；教师进修学校消亡，教育学院有的改为师范学院，有的与师范学院合并，有的转型为其他高等学校。

三、师范教育改革的得与失

21世纪初，师范教育的转型在理论上和科学决策上都缺乏必要准备，因而出现了许多问题。转型的话题是由教师专业化引起的。我在2001年华东师范大学举办的教育政策论坛上曾经讲过："教师教育的转型的实质不是培养形式的变化，而是水平的提高。"[①]但是教师需要什么样的水平，教师专业化的内容是什么，转型的意义及内涵是什么，并未讨论清楚；由封闭型转向开放型需要什么条件，由三级师范转变为二级师范、职前培养和在职培养的结合会出现什么问题，都没有经过充分的调查研究和认真讨论。由于在理论上准备得不充分，在实际上又没有调查得很清楚，对改革缺乏科学的论证，所以我国教师教育的改革走了一段弯路。

近几年来师范教育的机构改革进行得非常神速，而教师专业化水平并未有多大提高。师范教育的机构改革表现在以下几方面。

一是为了提高小学教师和幼儿教师的学历，一大批中师被撤销。中等师范学校由一千多所削减到现在的一百多所。一部分中师升格为师专，一部分中师改为普通中学，中师资源几乎流失殆尽。

二是为了体现师范教育的开放性，不再强调师范教育的单独体系。许多师专、师院纷纷扩展为综合性学校，极大地削弱了师范教育。

三是为了体现教师教育职前职后一体化，许多地方教育学院合并到师专或师范学院，教师的职后培训并未得到加强。

这些改革的后果是什么呢？说得极端一些、激进一些，是削弱了师范教育体系，降低了教师专业化水平，其中损失最大

---

① 顾明远：《论教师教育的开放性》，《高等师范教育研究》2001年第4期。

的是小学教师。这不是危言耸听，有事实为据。过去中师毕业的小学教师虽然接受普通文化教育的程度不高，但是他们都是各地优秀的初中毕业生，在中师通过严格的师范教育的训练，掌握了较好的教育小学儿童的知识和技能。现在一线的许多小学特级教师和优秀校长都是那个时代培养出来的。我在成都访问了许多小学，发现他们的校长个个既能干又漂亮。我曾对教育局长开玩笑地说："你们成都的小学校长个个都是美女！"他回答说，20世纪中师学生都是一个一个挑选出来的。

　　但是，现在培养小学教师的师专生、本科生却是高考队伍中较差的一部分，他们只达到所谓三本或专科的录取分数线，到高校后，专业较窄，学习的课程缺乏小学教育应有的科目。小学教师需要的是宽广而不是专深的知识，而且他们最好在体育艺术方面有所专长，会唱善跳，能适应儿童活泼的天性。但是师专、师院的学生都是高中毕业生，可塑性就不如中师生，艺术素养和技能都不如中师生。再加上高等学校那种专业的导向作用，不利于培养小学教师。例如在许多专科学校和本科院校，强大的导向是报考研究生，在这种导向下，师范教育的质量是难以保证的。许多小学校长反映，现在专科或本科毕业生反而不如中师毕业生那样适应小学教育。今天来反思，如果当初不是一刀切地取消中师，而是渐进式的，保留中师的建制，延长中师的学习年限，可能会比现在这种状况好得多。（法国中师的升格就是这样渐进式的。法国20世纪80年代还有中师，90年代延长学制，成为师专，后又延长至大学本科水平。）我国师范教育建立一百多年来，各地建立了一批中等师范，如长沙一师、南通师范、保定师范等，都有上百年的历史，培养了大批革命工作者和教师，今天这些学校原有师范教育模式毁于一旦，实在可惜。

高师的情况也不容乐观。本来国家提倡开放型师资培养，目的也是为了提高教师的质量，让一些高水平的综合大学也来培养师资。但是事实上综合大学尚没有做好准备，它们都想奔向世界一流，没有培养师资的要求，而师范院校却已经纷纷改为综合大学。从国外师范教育发展的历史来看，师范学院转为综合大学是历史的必然。但是，过去我曾经论述过，这必须具备以下三个条件：一是科学技术的迅速发展，要求教师水平的提高，师范学院历来学术水平较低，已经不适应培养高水平教师的需要；二是教师在数量上已经基本得到满足，不需要设立专门的师范学院来培养；三是教师职业在社会上已有一定的吸引力，优秀青年愿意当教师，不需要采取专门的机构，用免缴学费等优厚条件来吸引生源。①应该说，这三个条件在我国初步具备，但还不充分。特别是教师职业吸引力不强，我们在这方面估计不足。总以为，现在不包分配，就业困难，教师职业比较稳定，报考师范专业的学生会多起来。事实并非如此。许多青年不到万不得已的情况下不愿当教师。这与我国教师地位不高、工资待遇偏低不无关系。教师是一种崇高的职业，需要对教育事业有认识、对学生有热情、有点奉献精神。那种勉强为之的人怎么能成为高水平的教师？

师范院校综合化的目的是提高师范专业的学术水平。但是目前的事实是许多转型的院校并没有把力量加强在师范专业上，而是都热衷于扩大非师范专业，忙于升格，企图挤入名牌高校，因而有不少学校不是借用综合学科的优势来加强师范专业，而是抽调师范专业的教师去充实其他新建立的学科。这反而削弱

---

① 顾明远：《师范院校的出路何在》，《高等师范教育研究》2000年第6期。

了师范专业，与改革的宗旨背道而驰。

至于普通高校参与教师培养，除少数综合大学举办教育硕士、博士学位研究生班外，没有哪所高校举办师范专业。它们既没有条件，也不感兴趣。

师范院校转为综合大学本应该按照综合大学办师范的模式，先在一般学院修完基础学科课程，再到教育学院接受教师职业培训，可是我国师范院校的学校类型转变了，师范教育的培养模式并无变化。只有极少数师范大学试行"4+2"的模式，但也还存在着教学计划、课程设置、师资等诸多问题。

从上面的分析可以看出，我国师范教育转型的目的不明确，科学论证不够，条件准备不足，与提高师资质量的要求背道而驰。

应该说，我也是教师教育转型的鼓吹者。现在看来，我对这个问题研究得不深入，考虑我国的国情不够。过去我曾经主张，根据我国的国情，师范院校在一个较长的历史时期还应该成为教师教育的主体，但是没有预料到中国师范院校转型的积极性那样高，转变得那样快。问题还不在转变得快慢，根本问题是没有在转型过程中真正转变教师教育的培养模式，没有在专业设置、课程安排、教学方式等方面进行相应的调整，没有真正地利用综合学科的资源来加强教师教育。

在教师教育职前职后一体化方面的工作似乎也不尽如人意。许多地方教育学院与师专等合并了，但并未加强职后的培训。许多师专热衷于改制，并不重视教师的职后培训，而且本来与地方基础教育联系较密切的优势也丧失殆尽。

以上一些现实值得我们今天来反思，来思考今后改革的方向。这里丝毫没有追究谁的责任的意思。如果说追究责任，我有很大的责任。我虽然不是决策者，但我作为一名专家，而且是长期从事师范教育的专家，就曾经倡导过教师教育的转型，写过不少文章，应该说影响了决策。今天来反思，觉得有许多意见是值得重新审视的，至少是过于理想化，脱离了中国的实际。

今后的出路何在？只能根据中国的国情和师范教育的传统，办好一批师范院校，同时通过教师国家考试来吸收非师范类高等学校的毕业生。

师范教育本身要改革。我认为，幼儿园、小学教师还应该以师专培养为主，招收初中毕业生，实行提前招生。这样可以招收到优秀的初中毕业生，同时他们年龄小，可塑性大，可以培养掌握艺术技能的适合幼儿和小学儿童教育的教师。初中教师由师范院校本科培养。高中教师由师范大学和综合大学用"4+1"或"4+2"模式培养，即学习欧美的模式，先在各系科学习学科专业课程，然后到教育学院接受一至二年的教育专业教育和实习，经过考试取得教师资格证书。

培养的模式可以多种多样。但要制定各级教师的培养规格和课程方案，在提高整体质量的同时加强教育专业教育，加强师范生与教育实际的联系。

四、师范教育学术性与师范性之争

1956年高师教育中出现了两个口号的论争：一个口号是"面向中学"，另一个口号是"向综合大学看齐"。这是由当时北京师范大学教务长董渭川提出"师范大学要面向中学"后引起的，主要是针对当时师范教育脱离中学实际的弊端提出来的。但一些人片面理解这一口号，认为会降低师范院校专业学科知识的水平，对其进行了激烈的批评。于是有人提出了"向综合大学看齐"的口号，有人甚至主张取消师范院校。这两个口号的论争反映在两次重要的会议上。

一次是1960年的师范教育改革座谈会。这次会议就1953年以来师范教育中存在的问题及其改革方向、原则交流了情况和意见，提出了高等师范教育应"相当于综合大学水平"。在这个思想的指导下，北京师范大学从1960年开始将学制改为五年，接着华东师范大学也于1961年将学制改为五年。另一次是1961年的全国师范教育会议。这次会议就高等师范教育办学中的几个原则性问题进行了交流，并基本上取得一致意见。大家认为，高等师范不是办不办的问题，而是如何办好的问题。教师是培养社会主义新人的人，是培养新的一代人的人，教师在社会主义国家具有重要性。高师毕业生应注意为人师表，在政治思想水平和共产主义道德品质修养方面，要求高一些，严格一些；在文化科学知识方面，基础知识应宽一些、厚一些、博一些，并相当于综合大学同科的水平；此外，还应掌握专门的教育理论知识和技能技巧。当时周荣鑫副部长在总结时说，两个口号不要再提了，从而使这个论争告一段落。[①]

但是这个论争实际上并未结束，20世纪80年代又再一次提出来。在这次论争中，许多专家强调师范性和学术性的一致性。两个口号的论争的实质是对师范教育本质的认识问题。通过讨论，大家取得了许多共识，认为：师范教育必须提高水平，因此需要彻底改革，改变过去封闭的状态；高等师范院校应该与其他高等学校一样面向社会，拓宽专业，提高水平，办出活力。

---

① 中央教育科学研究所编：《中华人民共和国教育大事记（1949—1982）》，教育科学出版社1983年版，第299页。

　　但是，由于高等师范院校的学习年限与普通高校一致，都是四年，而师范生还要学习教师教育专业课程，还要参加教育实习，所以在学科专业水平上很难向综合大学看齐。因此，各校都大量削减教师教育课程和教育实习的时间。结果是大大削弱了教师培养的质量，师范教育变得四不像。当前出现师德问题不是偶然，虽然与整个社会风气有关，但不能不说与师范教育的缺失有密切的关联。

　　其实，两个口号之争的背后还隐藏着极大的利益关系。在我国，虽然国家一直重视师范教育（新中国成立第二年就召开全国师范教育会议，在新学制中把师范教育放在重要的位置），但是在人们包括领导心目中，总认为教师不需要高深的学问。过去曾经有一位师大的校长到科技部门申请项目，科技部门的同志居然说，师范大学要搞什么科研？有些综合大学的校长也有这种偏见，认为师范大学培养中学教师，能教书就行，搞什么科研。所以长期以来师范院校在低水平上运转。据20世纪80年代初教育部高教司师范处的一位干部的调查统计，那时几十所师范大学和师范学院的设备加起来不及一所地方综合大学。无怪乎师范大学要"向综合大学看齐"。高等学校的评价体系也促使师范院校向综合大学看齐。

五、教师专业化问题

　　在教育发展史上，随着专门培养教师的教育机构的出现，教师也就成为一种专门的职业。但是教师并不像医生、律师一样具有高度专业化。长期以来，凡有知识，愿意当教师的都能成为教师。真正提出教师专业化问题，还是20世纪60年代的事。1966年国际劳工组织和联合国教科文组织在《关于教师地位的建议》中提出："应把教学工作视为专门的职业，这种职业要求教师经过严格的、持续的学习，获得并保持专门的知识和特别的技术，它是一种公共的业务。另外，对于在其负责下的学生的教育和福利，要求教师具有个人和集体的责任感"教育专业化才真正被提到议事日程。这是由于教育的普及和科学技术发展的需要才提出教师专业化问题的。我国也是在普及九年义务教育以后，经济社会发展需要提高教育质量的时候才提出教师专业化问题的，比国际劳工组织和联合国教科文组织提出的建议晚了三十多年。

其实早在1989年5月我就写过一篇小文章，刊登在《瞭望》杂志上，题目叫《必须使教师职业具有不可替代性》。我说："一项职业，工资待遇比较优厚，自然具有吸引力而为社会上的人所羡慕。也就是说，有了经济地位才可能有社会地位。但是，这只是问题的一个方面。任何一项职业，越具有很强的不可替代的职业性，它的社会地位才越高。可以认为，一项人人都可以干的职业，是不会受到社会的重视和尊重的。"① 我这是有感而发的。1980年我们为新恢复的中师编写教育学教材，到各地去调研。到武汉时我们住在湖北省委招待所，同屋住有一个劳动人事部的干部。一天晚上闲来无事，聊起"文化大革命"中把知识分子都打成"臭老九"，至今知识分子还没有翻身，收入体脑倒挂。我说："尤其是小学教师，待遇很低。"没有想到，那个干部说："小学教师算什么知识分子？"我听后吃了一惊，问："小学教师是有知识的，是把知识教给学生的，怎么就不是知识分子？"他说："你看，农村不是有半文盲也在教书吗？"

① 顾明远：《必须使教师职业具有不可替代性》，《瞭望》1989年第22—23期。

他这句话使我受到很大刺激。所以在20世纪80年代大家都在高喊尊重教师的时候，我提出了教师要成为不可替代的职业，也即要专业化。

教师专业化的标准是什么呢？国际劳工组织和联合国教科文组织在《关于教师地位的建议》中提到以下三点：

一是把教学工作视为专门的职业；

二是要经过严格的、持续的学习，获得并保持专门的知识和特别的技术；

三是要对学生负责。

2012年教育部公布了《幼儿园教师专业标准（试行）》《小学教师专业标准（试行）》《中学教师专业标准（试行）》。我参加了这三个标准制定的全过程。三个标准提出"师德为先、学生为本、能力为重、终身学习"十六字的指导思想和专业理念与师德、专业知识、专业能力三个维度，大约六十条具体要求（各级教师要求不同），很具体，具有可操作性。三个标准的颁布，使得我国教师专业化有了法规的要求。

总体来说，教师专业需要达到下列要求。

（1）必须具备高水平的专业知识和技术体系。教师必须掌握所教的学科的系统的专业知识和技术体系。这就是我们过去通常讲的学术性问题。教师教育的学术性要加强。这是因为当今科学文化知识发展迅猛，教师如果没有较高的专业知识，很难培养学生掌握最先进的知识和创新能力。因此，国际上教师教育的发展趋势也是强调要加强师范生的专业知识的掌握。

（2）需要长期的专业培养和训练。成熟的专门职业如医生、律师，从业人员的培养都不是短期的，除了学习理论知识外，很重视临床实习，在实践中掌握解决问题的能力。成熟的教师也需要长期的培养和训练，除了学习和掌握教育理论和技能外，还要经过较长时间的实际操练。一名成熟的教师要经过三个时期：一是职前学习时期，主要是学习学科知识和教育原理；二是初入职时期，需3—5年，在学校中经过老教师的指导和实际锻炼，逐渐融入教师的角色；三是成熟阶段，需5—10年，通过自己的教育实践，不断反思，逐渐熟练地掌握教育教学的技能和艺术，成为一名成熟的优秀教师。

（3）要有较高的职业道德。任何职业都有职业道德，教师的职业道德尤其重要。因为教师是培养人的职业，是学生心目中的榜样。教师的职业道德就是敬业爱生，严谨笃学，对学生倾注无限的爱心，对教育事业具有奉献精神。前几年全国都在学习孟二冬教授对教育事业无限忠诚，对学生无比热爱的精神。2008年汶川大地震中涌现出的英雄教师群体、佳木斯十九中张丽丽老师、河南周口市的张伟校长都是师德的榜样。师德教育要放在教师教育的首位。

（4）要有不断增强自身专业的能力。在科学技术迅猛发展的今天，不继续学习就不能适应专业发展的需要，专业人员会变成非专业人员。教师要有不断学习、终身学习的意识和能力，不断提高自己的专业水平。

（5）专门职业具有高度的自主权，也即专业人员在职业活动中，对于专业事宜的判断和行为具有独立性。教师要能独立地设计教育活动，不断反思，成为研究型的教师。

（6）专门的职业需要有自己的行业组织，实行行业自律。[①]

为了提升教师的专业化和为教师进一步学习进修提供机

[①] 朱古蕴：《中韩两国教师专业化比较研究》，北京师范大学博士学位论文，2002年。

会，20世纪90年代我在担任国务院学位委员会教育学科评议组召集人的时候，曾竭力为中小学教师争取设立教育硕士专业学位，终于在1996年国务院学位委员会第14次会议上获得通过。1997年开始由19所师范大学招生。但由于研究生招生计划的限制，这一年只招了177名教育硕士研究生。这对于我国1 200万名中小学教师来说，真是连杯水车薪都说不上。第二年我们改为计划外在职招生的办法，但只有学位，没有学历。这一年招了4 000名教育硕士研究生，第三年招了8 000名教育硕士研究生。至今中小学教师获得教育硕士学位的已突破10万名。2010年国务院学位委员会又批准设立教育博士专业学位。这两级研究生学位的设立可以说是在我国教育史上具有里程碑意义的事件。

附带说一下，我国人事制度中有一个奇怪的现象，只承认学历不承认学位。为此，许多攻读教育硕士学位的教师很有意见。其实学位比学历更有价值，学历只表示一个人受教育的经历，学位才表示他的学术水平。将来我们制定学位法的时候，恐怕要把这个问题解决。

六、严格实行国家教师资格考试和证书注册制度

为保持教师教育的开放性，我们就应该制定非师范类院校进入教师教育的办法。非师范类院校开展教师教育，需要有严格的审核制度，审查其是否具有培养教师的资质，包括培养方案、课程设置、教师队伍、实习基地等条件。

必须严格地实行国家教师资格考试和证书注册制度。坚持教师教育开放性，并不是说任何人都能当教师。即使是师范院校毕业生也应该经过严格的考核才能取得教师资格证书。法国、

德国、日本、韩国等许多国家都实行教师资格证书制度。其中要数德国对教师资格的要求最严格。为了提高教师的专业化水平和教师教育的质量，德国在21世纪初相继出台了《教师教育标准：教育科学》（2004）和《各州通用的对教师教育的学科专业和学科教学法的内容要求》（2008）。这两个标准描述了师范生在毕业时需要掌握的知识、能力、态度，全面覆盖了教育科学、学科专业和学科教学法三个教师教育学科领域。

我国现有的教师资格制度虽然设计了从小学到大学、从普通教育到职业技术教育的各级各类教师资格，但在各级各类教师内部缺乏更为细致的划分。而韩国1978年颁布的《教师资格审定法》就规定中小学教师从资格等级上分为预备教师（准教师）、2级正教师、1级正教师，从资格内容上分为中小学各科目教师、图书管理员、技术教师、保健教师、营养教师。[①] 如此细致的专业等级划分，一方面有利于保证教师的专业质量，另一方面也为教师的专业发展提供阶梯。当然，这涉及中小学教师岗位设置的问题。我国的中小学教师岗位设置应更为多元化，分别设置从学科教学到图书管理、心理咨询、营养保健等多方面的岗位，以确保获得以上教师资格证的优质教师有岗可聘，有志可为。

我国的教师资格考试是"一次性"考试，虽然分为笔试和面试两部分，但笔试通过后即可参加面试，中间无相关实践经历的要求。而许多发达国家将教师资格证的考试设为多个环节。如德国分为两次，学生学习结束时（相当于硕士毕业）参加第一次国家考试，通过后进入见习期。见习阶段结束时还需参加

---

① 韩国法律第104号，《教育公务员法实施规则》，韩国教育科学技术部令，2011年4月4日。

第二次国家考试，通过第二次国家考试方可获得教师资格证书。澳大利亚的师范生也必须经过教师准备、临时注册和完全注册（通常为两年的专业能力评价）三个阶段的考核才能获得正式教师资格。①因此，我国也应建立严格的教师国家考试制度和资格证书制度，考试合格者取得教师准入资格，再经两年的教育教学实践，经过第二次考试合格者方能取得教师资格证书，聘任为正式教师。这有利于提升教师行业的门槛及专业性，保障教师队伍的整体质量和标准。

现在我国的教师资格证书为"终身制"，一旦通过便可终身从教。而各发达国家的教师资格证都有定期更新的制度。如2009年日本开始实施教师资格证书更新制，教师首先必须参加资格更新讲座的学习（课时要在30小时以上）后方有资格更新证书。②2011年1月1日，俄罗斯也开始实施新《国立和市立教育机构的教育工作者考核条例》。根据新的考核条例，俄罗斯将对中小学教师进行每五年一次的素质考核，在此之前所获得的教师资质证明一律失效。③澳大利亚的中小学教师在获得正式教师资格后，也需要参加教师注册，每五年一次考核，完成教师资格的重新注册。因此，我国有必要建立教师资格更新和退出机制，以保证教师质量的可持续发展。

我最担心的是教师资格注册制度走过场。我国20世纪80年

---

① The Teachers Registration Board's Function，http://www.trb.sa.edu.au/about_us.php.

② 陈君、李克军：《日本教师教育改革的新进展及启示》，《国家教育行政学院学报》2012年第3期。

③ 冯相如：《俄教师每五年进行一次资质考核》，《基础教育参考》2011年第2期。

代曾经实行教师资格证书制度，现在许多教师都持有这个证书，但结果是走了过场。这次如果再走过场，我国教师队伍建设就没有希望了，基础教育必然会受到极大损害。

七、实施免费师范生的历史意义

2007年3月，温家宝在十届五次人大会议的政府工作报告中，正式提出了在部属六所师范大学实行师范生免费教育。温总理在报告中详细地说明了此项举措的重大意义。他说："这个具有示范性的举措，就是要进一步形成尊师重教的浓厚氛围，让教育成为全社会最受尊重的事业；就是要培养大批优秀教师；就是要提倡教育家办学，鼓励更多的优秀青年终身做教育工作者。"这是落实教育优先发展战略、促进教育质量提高的重大举措，具有深远的意义。

2006年8月，温家宝在基础教育座谈会上就说要实施师范生免费教育，消息传出来以后，社会上议论纷纷。当时还误传，说是我在座谈会上提出的建议。其实在我提出建议以前他就想好了。当我提议给师范生免费或者贷款由政府偿还时，他立即说："不，就是要免费，先在六所部属师范大学试点。"2007年全国人大会议果然宣布了这个决定。议论中，赞成者有之，反对者有之。反对的第一种意见认为，师范生免费教育是计划经济时代的产物，现在实行市场经济，学校也要按照市场规律来办，师范生免费教育是个倒退。第二种意见认为，师范生毕业以后能不能真正去当教师，特别是能不能到最需要的中西部去当教师？也就是说，对免费教育能不能达到预期的效果表示怀疑。第三种意见认为，在市场经济的体制下，免费教育并不能真正吸引优秀的青年来报考师范。总之，一些人对这项重大举措还心存疑虑。这几个问题是非常实际的，需要认真回答。

我认为，首先需要站在国家发展的全局的高度来认识这项举措对我国教育发展，甚至于对国家的发展的重大而深远的意义。其次要在制度上精心设计，使这项重大的举措取得预期的效果。

当今世界，科学技术日新月异，国际竞争日益激烈。这种竞争说到底是人才的竞争，是民族创新能力的竞争。教育是培养人才和增强民族创新能力的基础，因此必须把教育放在社会主义现代化建设优先发展的战略地位。要优先发展就要有举措。加大教育投入，实行农村地区义务教育免费、扩大高中阶段的教育、大力加强职业教育、提高高等教育的质量、实施高等教育"211"工程和"985"工程等都是重要的举措。对基础教育来讲，实行教育公平、推行素质教育、提高教育质量是最重要的任务，而关键在于教师。如果没有一支高质量的教师队伍，教育投入再多，也只能打水漂。校舍建得再好，如果没有优秀教师，学校也不会成为优质学校。因此，在国家增加教育投入的同时要抓教师队伍的建设，尽快提高教师的质量。

师范生免费教育就是在这样的背景下提出来的。正如温家宝讲的，师范生免费教育这项重大的政策举措，其意义在于它的示范性。它向全社会表明：政府高度重视教育，真正把发展教育放在社会主义现代化建设优先发展的战略地位，全社会都应该树立尊师重教的风尚。它向全社会表明：国家重视师范教育，把培养优秀教师作为发展教育的根本，由经过师范教育训练、懂得教育规律和掌握教育艺术的教育家来办教育。它向全社会表明：政府要用政策来吸引优秀青年上师范院校、当教师、终身从事教育工作。

至于有人说，市场经济不应该再用计划经济的办法吸引优秀青年上师范，我认为这项举措与市场经济或计划经济没有必然的联系。这是政府的一项政策举措，是政府对教育的导向。任何国家在必要的时候都会用政府的权力来引导教育的发展。例如，市场经济最发达的美国，1958年为了与苏联竞争，通过了著名的《国防教育法》，由联邦政府拨款设立大量奖学金名额，鼓励优秀青年上大学；2007年哈佛大学为贫困学生设立奖学金，家庭收入不满4万美元的可以全额免除学费。发达的资本主义市场经济国家尚且有如此政策举措，为什么我们社会主义市场经济的国家就不能有这种政策呢？特别是我国还有许多贫困学生，由于家庭贫困而难以就学。虽然建立了贷学金制度，但毕竟给贫困家庭增加了经济压力。如果实施免费教育，我想会有不少贫困家庭的优秀青年报考师范院校。历史上许多事实说明了这项政策的有效性。这几年的招生情况也证明了这一点。

免费师范生实施几年来，经过政策调整，总的情况是好的，充实了中西部地区基层学校的教师队伍。同时，也出现了一些问题。

问题之一是几所部属师范大学不适应，特别是北京师范大学和华东师范大学这两所重点大学不适应。因为它们都在打造一流综合性大学，师范教育专业比重已很小，而且为了培养更高层次、更高水平的教师，正用"4+2"的模式培养具有硕士学位的教师。现在要培养四年制本科的免费师范生，打乱了它们的计划。

问题之二是免费师范生的服务年限太长。许多免费师范生反映，服务10年太长，这10年时间刚好是他们要成家立业的时候，在农村连对象都找不到。由于服务年限太长，吓退了一些优秀青年。服务年限应该以3—5年为宜，服务三五年后他对教育有了感情，留下来的才能成为真正优秀的教师。最近政策有所调整，免费师范生服务2年后可以攻读教育硕士专业学位研究生，这个矛盾有所缓解。但现在仍有一部分免费师范生不愿意当教师。因此有学者怀疑免费师范生的政策，认为要真正吸引青年来当教师，唯一的办法是提高教师的待遇。

问题之三是地方对实施免费师范生不积极。如果说国家在部属师范大学实施免费师范生教育"具有示范性意义"，那么各地方本应积极响应，因为在本地招收免费师范生，更能留得住。但是各地方可能限于经费投入有困难，几乎没有响应。因此，我认为，不如把拨给部属师范大学的钱拨给中西部地区师范大学，让它们来培养，可能效果会更好。有的地方甚至不积极安排免费师范生的工作。所以，本来是很好的政策，但由于没有认真调查研究实际的情况，实施中会遇到种种困难。

顺便说一句，教师实行绩效工作，本来也是一个很好的政策，可以提高教师的工资待遇，但执行中没有考虑到城乡的差别，特别是把工资分成三七开，抽出教师工资的30%作为绩效工资，教师意见很大。这说明任何政策的出台需要认真调查研究，听取第一线教师的意见，了解国情和社情，符合基层的实际情况，才能取得预期的效果。

八、师德——教师之魂

大约七八年前，我出差时在飞机上偶然看到一份《山西日报》，上面一篇文章吸引了我，题目叫《谁毁了我的一生》。文章的大意是，一名高中女生，初中在一所普通中学学习，中考考上了重点中学。一次英语课上，老师让她朗读，读得不太熟练。读完以后老师就说："你是哪个学校考来的？像你这样的学生怎么能上我们这样的重点中学！"学生觉得十分羞愧。几周以后，英语老师又让她朗读，因为紧张，读得又不太好。老师再一次羞辱了她。从此她一蹶不振，其他功课也一落千丈。我看了这篇文章后非常震惊。

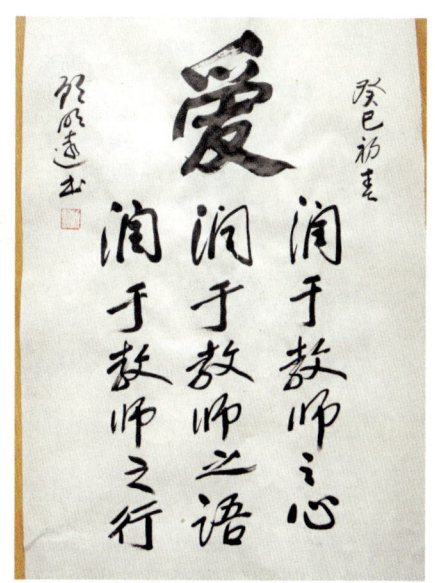

2005年《中国教育报》刊出一张照片，下面的说明是：

图中一些孩子在享用着鸡腿和红酒的午餐，另一些孩子站在一旁"伺候"着他们就餐。这是去年某省一所学校举行的"体验人生百态，把握自我命运"暑假夏令营中的一个场景。

在本暑假夏令营活动中，校方采取了一种特殊的"奖惩"措施，对参加夏令营活动的70名小学生根据其表现打分，将学生分为"上士、中士、下士"三个级别。"上士"在中午吃饭时可以享受三菜一汤和一杯象征身份的红酒，并由"下士""伺候"就餐。"中士"午餐是两菜一汤。"下士"要等"上士""酒足饭饱"离开后，把"上士"餐具洗刷干净后才能坐下吃饭菜相对差一些的午餐。

"差生伺候优生"吃饭

这张照片，谁看了都会感到震撼。它反映校方采取所谓奖惩的措施是多么可怕和残酷，用一种污辱人格的办法来"教育"学生。我称之为"反教育行为"。这就是我们通常说的师德问题。最近暴露一些教师体罚学生等反教育行为，虽然在我们上千万教师中比例极小，但绝非个例，不仅伤害了学生，而且毁坏了教师的形象。因此加强师德教育刻不容缓。当前我国教师的学历是提高了，但他们的文化素质是否也提高了？这值得师范院校思考。我现在担心的不是教师的知识水平，而是教师职业道德的缺失。

教师出现失德行为，有的是对教育事业缺乏热情，有的是对教师的神圣职业缺乏认识，有的是缺乏教书育人的能力，观念陈旧、方法落后，有的是名利驱动，知法不依。关于师德教育，社会呼声很高，但不应停留在口头呼吁上，要在制度建设上下功夫。

首先，要把好教师入职关，师德缺失者不能当教师。国家教师资格考试首要考察的是他对教育工作的认识，在教育实习期考察他的师德。

其次，要让每个教师认识到教师职业的特殊性和重要性。教师不是一般谋生的职业，是培养人的心灵的职业，是关系到儿童的成长、家庭的幸福、民族的未来的事业。教师责任重大，对儿童个体来讲，关系到他的一生；对家庭来讲，一个孩子的成功，关系到一个家庭的幸福；对中华民族来讲，只有我们年轻一代茁壮成长，才能实现中华民族伟大复兴的梦想。因此，传承文化，培养人才，使我们下一代健康成长，是教师的天职。教师要有奉献的精神，要用高尚的品德、博学的知识去感染学生。学生总是把老师看作最高尚的人、最可信赖的人，是自己学习的榜样。因此，教师是用自己的知识魅力和人格魅力影响学生，师德是教师的灵魂。

再次，要改进教师教育，把师德教育纳入到师范院校的教师教育课程中，树立师范生的远大职业理想；加强师德宣传，营造尊师重教的社会氛围。20世纪50年代的师范生一入学就要进行师范专业思想教育，让他们观看苏联电影《乡村女教师》，许多学生看了为之感动。我国有许多这样的农村教师，如"天梯之上"的李桂林夫妇，他们的事迹非常感人，应该作为师范生的学习内容。

最后，要严格师德考核，促进教师自觉加强师德修养；强化师德监督，有效防止失德行为；突出师德激励，促进形成重德的良好风气；规范师德惩处，坚决遏制失德行为蔓延；等等。从师德教育入手，建立师德考核、奖励、惩戒制度。

九、教书育人在细微处

有一天，我的学生告诉我一个故事。她第一天送女儿上幼儿园，一进幼儿园的门，就看见一群孩子围着一位较为年长一点的老师，有的孩子拉着老师的手，有的孩子抱着老师的腿，有的揪着老师的衣服，和老师特别亲热。她的孩子也想去和老师亲热，但挤不进去。这时看见一位年轻老师走过来，她的孩子就扑过去，但这位老师没有理会就走过去了。她的孩子伤心得不得了，回家说："我再也不去幼儿园了！"这个故事说明儿童的感情是很敏感的，也是很脆弱的。那位老师可能是无意的，没有理解当时儿童的行为，随便走过去了，没有想到这无意的行为却伤了儿童的心。因此，我说，教师，特别是幼儿园、小学教师，在教育孩子时要注意细枝末节。

儿童有如嫩芽，碰伤了就不易生长。父母也好，教师也好，要注意呵护他，要了解儿童的想法。做父母的常常有这样的经历，休息日带孩子到公园去玩。孩子在家说好了，出门要自己走，不能让爸爸妈妈抱，但一出门就吵着让大人抱。大人开始不明白，怎么说好了不算数？！后来才明白，两三岁的孩子，身高不到一米，大人不抱他，他能看见什么？只能看见大人的腿。他要大人抱，不是走不动，不是不愿走，而是看不到有趣的东西，抱起来，视野开阔，可以看到许多风景。做父母的要理解他。

教师的行为具有示范性和长效性。所谓示范性，就是学生以教师为榜样，向教师学习。教师的一言一行都在学生眼里，被学生模仿。我过去在中学里负责班主任工作，发现许多班风很像班主任的作风。有的班主任做事有条不紊，干脆利落，这个班就很有秩序；有的班主任做事拖拖拉拉，要求不严，这个班就松松垮垮。所谓长效性，就是教师的教育在学生身上的影响是长远的。有时教师不经意的、无心的一句话，恰好说到学生的心坎上，他就会记住一辈子。鼓励的话会记住一辈子，批评的话也会记住一辈子。所以老师的言行要慎之又慎。

教育工作是一项非常细致的工作。学生不是一潭静止的水，他的内心有时平静，有时激动。教师对学生要察言观色，发现学生细微的变化，要善于和学生沟通，了解学生的思想动态，才能有的放矢地引导学生。如果你问毕业生成才以后还记得教师是怎么教育他的，回答的往往不是教师教给他什么知识，怎么上课，而是某个细节，或者在他遇到困难时教师帮助了他，或者在他犯错误时教师怎么教育他。因此，我想对教师说，教书育人在细微处。

十、终身学习

现在常常听到教师讲到"职业倦怠"这个词。过去我不太理解什么叫"职业倦怠"，后来听有些校长解释，原来有这样两种情况：一般年轻教师，经过几年的教学，觉得上课已经得心应手，不是什么难事，就觉得工作平平淡淡，不知道怎么更上一层楼；有些特级教师，评上了特级，认为到顶了，缺乏进一步提高的动力，出现一种"高原现象"。

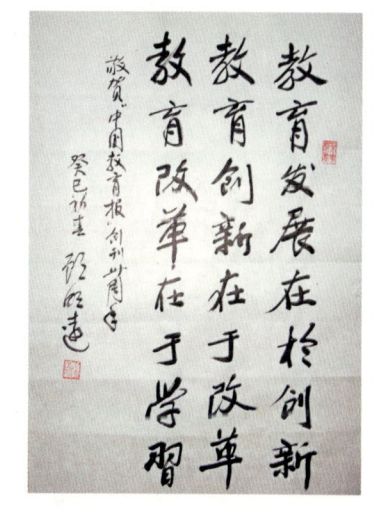

我想解决这个问题的办法就是学习、学习、再学习。首先要

提高对教育事业的认识，提高对教育事业的热情。有了高度的认识和热情就会不断去钻研、反思自己的教育教学行为，不断改进，不断提高，成为一名成熟的、优秀的教师。著名教育家吕型伟说过："教育是事业，其意义在于奉献；教育是科学，其价值在于求真；教育是艺术，其生命在于创新。"教师要成为一名教育家，就要有奉献精神，有求真的精神，有创新的精神。要创新，就要学习。因此，我曾经说过："教育的发展在于改革，教育的改革在于创新，教育的创新在于学习。"

　　教师要不断学习，终身学习，要成为建设学习型社会的典范。不仅要学习教育专业知识，还要学习相关专业的知识，甚至与教师职业无关的知识。教理科的教师不妨学点文学艺术，教文科的教师不妨读点科普作品，以便提高自己的文化修养。文化修养提高了，不仅自己的生活品位提高了，而且能高屋建瓴地理解教育的真谛。

第七章 ▶▶▶

我国学校
制度需要改革

　　学制是学校教育制度的简称，也称学校系统，是一个国家
各级各类学校的体系。它规定各级各类学校的性质、任务、入
学条件、学习年限以及它们之间的衔接和关系。[①]学制的制定
对国家教育发展具有重要意义。

一、我国学制的沿革

　　我国现行学校制度是1951年制定的，但从中小学校制度
来讲，基本上沿用1922年的旧学制，至今已有90多年的历史，
1951年颁布的学制至今也已过了60多年。虽然中间经过几次变
动，但基本上没有什么变化。

　　新中国建立之初，我国的学校制度实际上存在两个系统：
一个是老解放区的学校系统，另一个是新解放区经过初步改造
的旧学校系统。随着国民经济的恢复发展和一系列重大社会改
革运动的进行，旧的教育制度和学校系统越来越不适应。为了
适应新形势的要求，中央人民政府政务院于1951年10月1日颁
布了《关于改革学制的决定》。该决定指出：我国原有学制有

---

　　① 顾明远主编：《教育大辞典》，上海教育出版社1998年版。

许多缺点，其中最重要的是工人、农民的干部学校、各种补习学校和训练班，在学校系统中没有应有的地位；初等学校修业六年并分为初高两级的办法，使广大劳动人民子女难以受到完全的初等教育；技术学校没有一定的制度，不能适应培养国家建设人才的要求。①

新学制分两个系统：一个是正规学校系统，另一个是成人业余学校系统。正规学校系统分为幼儿教育（幼儿园招收3—7岁儿童）、初等教育（修业年限5年，实行一贯制，招收7岁儿童）、中等教育［包括中学（修业6年，分初、高两级）、工农速成中学、中等专业学校］、高等教育（包括大学、专门学院和研究部）。成人业余学校系统分为青年和成人初等学校、业余中学。另有各种政治学校和政治训练班。（学制图见本书第32页）

新学制反映了当时的教育方针，有以下一些特点。

第一，新学制明确地和充分地保障了全国人民，首先是工农劳动人民和工农干部受教育的机会，体现了教育为工农服务的方针。为了弥补工农干部在革命战争时期缺少受教育的机会，还特别为工农干部设立了工农速成中学。

第二，新学制为适应新国家建设人才的需要，确定了各类技术学校和专门学校在学制中的地位，并重视培养高级专门人才。

第三，在新学制中规定设政治学校和政治训练班，在高等学校附设专修科、先修班和补习班，保证青年知识分子和干部

① 《中华人民共和国教育大事记（1949—1982)》，教育科学出版社1982年版，第49页。

有再受教育的机会。

第四，小学实行五年一贯制，不再四二分段，使广大工农子女能够接受完整的初等教育。但在实行过程中发现，要在全国范围内施行小学五年一贯制还有困难，因而小学仍保持六年学制，按初、高级分段。后来随着各地经济的好转和教育的普及，小学六年也就不再分段了，小学恢复了六年制。工农速成中学也随着工农入学机会的增长而在1958年前后停办。因此，中小学实际上沿用了1922年的旧学制。

1958年"教育大革命"时期，我国就曾尝试学制的改革。当时北京师范大学新建附属实验小学，就实行五年一贯制，并自编教材。我在北师大附中工作时就曾经做过半工半读学制的试验。1960年掀起了批判资产阶级教育思想的浪潮，批判教学量力性原则是"少慢差费"，把学生当容器。中宣部为此办起了北京景山学校，试行从小学到高中十年一贯制。"文化大革命"中根据毛泽东提出的"学制要缩短，教育要改革"的指示，更是把中小学学制缩短为八年，即小学四年，中学四年。后延长到九年，即小学五年，中学（包括高中）四年。

"文化大革命"以后，大家都认为，中小学学制过短，不能完成基础教育的任务。所以，又逐渐回到"六三三"学制。但许多地区，因为师资缺乏，仍然实行小学五年。直到新课程改革，大多数地区小学才逐步改为六年。有些地区认为小学五年、初中四年更为合理，就一直保持小学五年，例如上海市就是采用"五四"学制至今。本来当时对恢复学制的意见有两种：一种意见是回到原来的"六三三"学制，另一种意见是实行"五四三"学制。时任教育部副部长的董纯才就主张"五四三"制。北京恢复小学六年制后，一次在教育部开中国教育学会常务委员会，董纯才就问时任北京市教育局局长的韩作犁，"为什么北京市把小学改为六年？"韩作犁回答："北京市主要领导听说自己读小学的孙子学业负担太重，所以主张小学改为六年。"北京带了头，许多省份都纷纷改为小学六年。北师大的学者一直坚持"五四三"制，除北师大实验小学仍然保持五年制外，他们还在全国开展"五四"制的实验。我担任北师大副校长期间专门组织了一个班子编辑"五四"教材。这套教材就是20世纪90年代国家实行"一纲多本"以后经过当时国家教委审定的八套半教材中的一套，在国内有一定的影响。使用这套教材的有山东、湖北、黑龙江等省的多个地区，使用范围最多的时候达到上百万人。后因新课改而停止。

"文化大革命"中，职业学校受到极大的破坏，技术学校、中等专业学校被取消。"文化大革命"后我国虽然竭力恢复职业技术教育，但直到最近几年才重新建立起职业教育的体系。

今天的高等教育也已经完全改变了1951年学制规定的状况。随着我国教育的发展，高等教育已经由精英教育阶段进入大众教育阶段，同时发展高层次的研究生教育。高等教育的结构，无论在层次结构还是在专业结构上，都有了新的构成。

二、我国亟须研究制定新的学制

1951年政务院公布的学制已经过去了60多年，已经不符合现在学制的现状，我们有必要认真研究，制定和颁布新的学制。

第一，一国的学制反映了这个国家的经济社会发展水平和教育方针政策、教育结构、人才培养模式等。1951年的新学制反映了新中国建立初期我国经济社会发展的状况和新民主主义的教育方针，已经不适合于今天我国社会主义现代化建设的现状与教育发展战略和方针。

第二，学制需要符合儿童发展的规律和特点。今天的儿童已经大不同于20世纪50年代的儿童。许多研究表明，今天的儿童比半个世纪前的儿童发育要早，智力更发达。在社会信息化环境下，他们吸收知识的渠道丰富多样，各年龄阶段的特征有所变化，3岁的儿童已经会玩平板电脑。这就需要对旧的学制进行调整。例如入学年龄已从20世纪80年代规定的7岁调整到6岁，各学段也需要有所调整。

第三，新中国建立初期文盲众多，连初等教育尚未普及，当时的教育还属于精英教育时代，只有一小部分人能接受中等教育和高等教育；同时为了使工农干部接受教育，又专门设置了成人业余教育系统，对他们进行补偿教育。今天我国已经普及了九年义务教育，即将普及高中阶段教育，高等教育实现了跨越式发展，我国教育已经进入了大众教育时代，业余教育从补偿教育转变为终身教育的一部分，这些特征应该在学制中得到反映。

第四，当今时代已经进入信息化、数字化时代。新的学制应该反映终身教育的新理念。

第五，《教育规划纲要》指出，改革创新是教育发展的强大动力。改革创新也需要在学制上创新。制定新的学制，可以从制度上保证我国教育发展战略和教育方针政策的贯彻执行，保证素质教育的推进和创新人才的培养，达到进入人力资源强国行列的战略目标。

三、制定新学制需要研究的几个问题

制定新的学制需要认真研究，从理论和实际两个方面论证

清楚。既要遵循儿童青少年发展的规律，又要适应我国经济社会发展水平；既要参照国际上的先进经验，又要符合我国的国情，特别要考虑到我国的特点。我国人口众多，幅员广阔，各地区发展极不平衡，是世界上最大的发展中国家，正处在社会主义的初级阶段。这就决定着我国学制应具有时代性、发展性、多样性、灵活性、终身性的特点。

要认真总结新中国建立60多年来教育发展的经验和教训。60多年来学制几经变动，有失败的教训，也有成功的经验。无论是经验还是教训，都是教育改革和发展的财富，我们只有认真总结，才能沿着正确的方向前进。

（一）关于中小学学制

学界对中小学学制有不同的意见。新中国建立以来许多地方和学校做过学制改革的尝试。许多专家主张实行义务教育"五四"学制。如前面讲到的教育部原副部长、中国教育学会会长董纯才曾竭力主张实行"五四"学制，并亲自指导一些地方的实验。记得当时教育部部长何东昌也认为，全国不做统一规定，由各地自己决定。所以新课改以前国家推荐的八套半教材中就有两套是"五四"制教材（人教社版和北师大版）。

我赞成义务教育九年一贯制，五四分段，最好不分段，把课程打通。我认为小学生的潜能是很大的，尤其是今天的儿童。只要教学得法，小学的课程完全可以在五年内完成。相反，初中课程较多，现行三年时间过短，因而学生分化较严重，延长初中学习年限，可以提高初中生的质量。

上面讲到北师大实验小学从1958年建校起就实行五年制，并自编教材。直到1988年为了应付当时"小升初"的全市统考，学校不得已停止了五年制的实验。长达30年的实验表明，五年制的学生在学业水平上一直与六年制的相当，能进入初中继续学习。这说明五年制的质量是能够保证的。

北京景山学校在1960年建校之初实行的是"十年一贯制"，"文化大革命"后实行小学、初中九年一贯制至今。小学也进行了自编教材的实验。景山学校至今仍是一所全国知名，敢于改革创新的实验学校。

上海市至今小学仍是五年制，实行"五四"学制。上海的教育水平一直名列前茅，上海的经验值得认真总结。

今天，九年义务教育已经在全国范围内普及，高中教育也将在今后几年内普及。因此有必要对我国的中小学学制重新研究和设置。九年义务教育就不需要再分段了。当然，在目前中小学分设的情况下，完全改成九年一贯制学校，可能在校舍、设备、师资等方面难以做到，但可以尝试一校一贯制或异校一贯制等多种形式。今后在扩建、改建、合并过程中逐步建设九年一贯制的学校。

有学者主张初高中二四分段。我认为，在初高中合办的学校，并且初中毕业不参加中考而直升高中的学校可以试验，但不宜在学制中规定。因为，一是我国实行的是九年义务教育，如果初中两年就毕业，就达不到九年义务教育；二是初中三年本来时间就很紧张，缩短为两年，学生的负担会加重；三是高中阶段要通过中考分流，"二四"制无法分流。总之，试点可以，但不能固定为法定学制。

另外，中小学不宜建得过大。现在的学校过大，动辄几千人。这么大的学校不便管理，占地面积太大。国外的普通小学很少有超过千人的。学校要做到精细管理，最好不要超过千人，以平行四个班为宜，而且班额要小。这样才能真正因材施教，校长才能真正了解每个学生。小学最好就近入学，除农村、边远山区外，最好不设寄宿制。

（二）关于分流

各国学制都考虑学生何时分流的问题。例如德国，大部分州实行九年义务教育，分基础学校和初级中学。基础学校与中学之间有一个为期两年的过渡阶段，称定向阶段或观察阶段。法国，也是实行九年义务教育，小学五年、初中四年。初中前两年称观察阶段；后两年称方向指导阶段，设有选修课，少部分进入带有职业技术教育倾向的"技术班"，以便进入技术高中。美国中小学不分流，是典型的单轨制，但学制分"六三三"制和"八四"制，大部分州实行的是"八四"制。我国基于教育平等的观念，一直反对双轨制，赞成美国式的单轨制。但实际上我们实行的却是双轨制，在初中以后分流。"文化大革命"前初中以上的学制就分普通高中、技工学校、中等专业学校。后两者一般不能升入高等学校。也就是说，我国长期以来初中以后实行的是双轨制。现在的学制是初中以后分为普通高中和职业高中，虽然已经放开，职业高中的毕业生可以报考高等学校，但只能升入高等职业学校，还做不到普职贯通。

究竟什么时候分流合适，值得研究。根据世界教育发展的趋势，分流的时间正在后移。在20世纪60—70年代曾经有过普通教育职业化、职业教育普通化的倾向，但随着教育的普及、高等教育的大众化，普通教育与职业教育的分流逐渐后移，而且两者互相沟通。因我国还是一个发展中国家，发展很不均衡，所以我国学制不能照搬西方发达国家。我国学制应遵循因材施教的原则，考虑更多的多样性和灵活性，在初中后分流是合适的。这里我讲一个故事。前几年中国教育学会与中国陶行知研究会在黑龙江省乌兰县联合召开农村教育现场会。有一位清华大学美术学院二年级的学生发言。他说他在初中二年级时因为功课不好，父亲让他辍学回家种地，但学校有位老师去做他父亲的工作，说"这娃喜欢画画，还是让他上学吧，将来没准会有出息的"。父亲答应了。他初中毕业考上了艺术职业高中，毕业后在广告公司工作了几年，后来考上了清华大学美术学院。这充分说明因材施教、适时分流的意义。这当然与课程设置也有关系，但在学制上也应该有所反映。

随着我国城镇化的发展和高中阶段的普及，在县城一级的高中最好以综合高中为主，开设普通课程和职业课程，由学生自由选择，把两种课程打通，而且可以根据学生的意愿和学习成绩互相转换。

（三）关于职业技术教育

职业技术教育对国家的建设来讲十分重要，发达国家都把职业技术教育放在重要的地位。在前面已经讲到，我国由于受传统观念的影响，职业技术教育长期得不到重视。2005年全国职业教育工作会议召开以后，国家出台了许多政策，鼓励职业教育的发展。近几年来我国职业教育有了转好的发展势头，但要在学校制度上加以巩固和发展。

要研究职业技术教育体系问题。我国现行学制中，实施职业技术教育的机构是职业高中、技工学校、高等职业技术学院。高等职业技术学院相当于高等专科的水平，没有达到大学本科的水平。这既不符合当今知识经济时代的需要，也不符合我国建设现代化的需要，而且还不适应职业技术学校学生进一步学习的需要。应该建立从初级到中级、高级的职业技术教育体系，互相衔接，互相沟通。同时要建立沟通职业技术教育和普通教育的"立交桥"，使学生有更多的选择，体现终身教育的精神。这样也可以改变一次高考定终身的局面，使有志青年随时都可以得到学习的机会，同时也减轻了高考竞争的压力。

职业技术教育在学习年限及招生录取制度上也要体现多样性、灵活性。有些专业是否可以把中等职业教育与高等职业教育联系起来？例如，学前专业、小学教育专业，一方面需要有高学历水平，另一方面需要有技艺性才能，如果等到高中毕业再学音乐、舞蹈之类的技能课程就嫌晚了。因此，这些专业能否招收初中毕业生，并与高等学校贯通起来？另外，职业高中的年限应有一定的弹性，有些专业在职业高中三年内难以完成，可否设置四年制的职业高中？

（四）关于高等教育

我国高等教育已进入大众化阶段，与30年以前的精英教育不同，因而要体现多样化、多层化的特点。目前我国高等教育的结构头大脚轻，不尽合理，需要在学制上加以解决。高等教育的学制既要反映高等教育大众化的要求，又要有利于培养杰出创新人才。高等教育的层次结构、专业结构都应该在学制中有所反映。根据我国经济社会发展的现状，有必要在新的学制中突出应用型高级专门人才培养的地位。高等学校应有层次之分，但不应有等级之别。

（五）关于终身教育

现代教育的基本特征就是终身教育，整个学校制度应该纳入终身教育体系。除了正规的学校教育是终身教育的主体以外，各种形式的继续教育，包括正规的与非正规的、面授的与远程的、长期的与短期的，都应该在新的学制中有一定的位置。

学制改革要与用人制度、劳动工资制度改革结合起来。用人制度要改变重学历轻能力的倾向，劳动工资制度也要以能力作为定级的标准。我国学制僵化，与劳动工资制度重学历有关。"文化大革命"前大学有五年的、六年的，如清华大学培养工程师有五年制、六年制，北京师范大学、华东师范大学培养高中教师都是五年制，但"文化大革命"后因为工资制度以学习年限来定位，五年制就无法恢复，这就降低了培养质量。前几年教育部发文，高等专科学校只能两年制，把专科与本科分得那么清，不利于人才培养，实际上也行不通。这都是学历主义作祟的结果。因此，学制改革一定要克服学历主义，实事求是，从实际出发，从我国的国情出发，借鉴国际教育的经验，建构一个有中国特色的社会主义现代学校教育系统。

我国人事制度还有一种怪现象，只重学历不重学位。其实学历只说明经过什么程度的教育，并不代表学习的水平，学位才代表获得学位者的水平。《教育规划纲要》指出："把改革创新作为教育发展的强大动力。"制定新学制是一次重大的制度创新。在此我想抛砖引玉，引起同仁的重视和研究。①

---

① 参见顾明远：《学校教育制度亟待研究改革》，《教育研究》2011年第3期。

▶▶▶

结语

　　上面讲了许多问题和个人的看法。总的来说，教育发展的出路在于改革，而改革需要全社会的支持。全社会，包括学校教师、家长、政府官员、用人单位、媒体都要有正确的教育观、人才观、质量观，用实际行动支持教育改革，只有这样，我们才能走出教育的困境。《道德经》中有一句话："不言之教，无为之益，天下希及之。"我觉得这句话对于我们今天的教育来说很有借鉴意义。叶圣陶先生说"教是为了不教"，这与老子的说法基本一致。现代教育的一个特点，就是要从教转到学。教育不是教师施教于受教育者，而是学习者自己学习、亲身体悟。这也是《道德经》一贯主张的自然哲学思想的一种教育观点。《道德经》认为，一切事物发生发展都有规律，这个规律就是"道"，所谓"人法地，地法天，天法道，道法自然"。

　　通常理解道家是无为之学。"道常无为而无不为。"老子认为无为才有所为，为君者无为，老百姓才有所为。所以《道德经》又说："我无为而民自化，我好静而民自正，我无事而民自富，我无欲而民自朴。"这里讲的是为政之道，引申到教育上，何尝不是这样。《道德经》说的无为而治也可以用到教育管理上。教育应遵循教育规律和儿童成长的规律（即是道），让基层的教师、让学生有所为。教育行政部门不为，下面学校就能有所为，有所创造，办出特色；教育局长应该放权给学校，局长的无为而让校长有所为；校长要放手让教师改革创新，校长的无为酝酿出教师的新鲜经验。家庭教育也是这样，父母事事都包办代替，孩子的能力就难以发展。教师的无为并不是说不为，而是为了让学生有所为。教师表面上无为，其实是为了放开手让学生有所为。如果教师事事都管着学生，学生是难以有为的，也难以成长。

2014年，芬兰教育与科技部部长克丽斯塔·基乌鲁在答《中国教育报》记者问时说："在芬兰教育中，所有事情都建立在信任的基础上。优质的教育，就应该给教育者充分的信任和自由。如果一个工作设定了各种条条框框并加以限制，就打击了人们工作的积极性，工作者们的创造和探索激情也就随之受挫。高度的教育自主权使教师在芬兰成为一个有魅力、受尊教、受欢迎的职业，每年吸引着全国最优秀的人才投身教育事业。"[1]据说在芬兰，教师的工资并不高，但正是因为受到社会信任和尊重，有充分的自主权，才吸引到优秀人才当教师，并使芬兰教育成为世界一流。

我们现在的教育，层层管得太死了，所以要提倡老子的"不言之教"，学习芬兰的经验，遵循自然之规律，自由发展人的自然本性。最后我再次申明：

没有爱就没有教育，

没有兴趣就没有学习；

教书育人在细微处，

学生成长在活动中。

这就是我的教育信条。

---

① 张东：《芬兰教育与科技部部长：信任成就世界一流教育》，《中国教育报》2014年1月3日。

下　编

对教育本质的新认识*

　　前不久，联合国教科文组织发布一份新的研究报告《反思教育：向"全球共同利益"的理念转变？》。这是联合国教科文组织成立 70 年以来，继 1972 年发布的《学会生存——教育世界的今天和明天》（简称《富尔报告》）和 1996 年发布的《教育——财富蕴藏其中》（简称《德洛尔报告》）以后的第三份重要的报告。这份报告必定像前两份报告那样对世界教育的发展产生重大的影响。

一、教育要以人文主义为基础，尊重生命和人类尊严

　　《反思教育：向"全球共同利益"的理念转变？》（下面简称《报告》）面对世界新的挑战，提出教育应负的责任和教育的变革，提出要重新定义知识、学习和教育。总的精神如《报告》摘要中说的：教育应该以人文主义为基础，以尊重生命和人类尊严、权利平等、社会正义、文化多样性、国际团结和为创造可持续的未来承担共同责任。在教育和学习方面，要超越狭隘的功利主义和经济主义，将人类生存的多个方面融合起来，采取开放的、灵活的、全方位的学习方法，为所有人提供发挥自身潜能的机会，以实现可持续的未来，过上有尊严的生活。

　　《报告》提出未来教育要以人文主义为基础。《报告》强调经济发展必须遵从环境管理的指导，必须服从人们对于和平、

---

　　* 原载《光明日报》2016 年 1 月 5 日。发表时有删节，此为完整版。

包容与社会正义的关注。《报告》认为，人文主义方法可以让教育辩论超越经济发展中的功利主义作用，应对全球学习格局的变化。

教育和学习要超越功利主义和经济主义，将人类生存的多个方面融合起来。要将通常受到歧视的那些人包容进来，包括妇女和女童、土著人、残疾人、移民、老年人以及受冲突影响国家的民众。这将要求采用开放的、灵活的、全方位的终身学习方法。由此，《报告》提出，教育是全球共同利益的理念。

二、教育是全球共同利益

关于教育是全球共同利益的理解，《报告》在最后一章做了详细的解释。我认为有这么几层意思。

一是教育的人文主义精神。《报告》强调教育是人的生存和发展的权利，教育要尊重生命，尊重公正、平等，使人们过上有尊严和幸福的生活。《报告》提出："根据当前形势重新审视教育权"，"国际发展讨论常常会将教育作为一项人权和一项公益事业。教育是一项基本人权，并且有助于实现其他各项人权"。这意味着国家要确保尊重、落实和保护受教育权，除了提供教育之外，还必须成为受教育权的担保人。《报告》批判了功利主义和经济主义。《报告》认为，要重新审视教育的目的。《报告》说："教育的经济功能无疑是重要的，但我们必须超越单纯的功利主义观点以及众多国际发展讨论体现出的人力资本理念。教育不仅关系到学习技能，还涉及尊重生命和人格尊严的价值观，而这在多样化世界中是实现社会和谐的必要条件。""维护和增强个人在其他人和自然面前的尊严、能力和福祉，应是21世纪教育的根本宗旨。"

二是强调教育的共同利益。《报告》认为，"共同利益"可以定义为："人类在本质上共享并且互相交流的各种善意，例如价值观、公民美德和正义感。"《报告》认为，共同利益的概念超越了个人主义的社会经济理论。共同利益不是个人受益，而是一项社会集体努力的事业。在界定什么是共同利益时，强调参与过程，知识必然成为人类共同遗产的一部分。《报告》指出，"要在相互依存日益加深的世界实现可持续发展，就应将教育和知识视为全球共同利益。"这意味着知识的创造、控制、获取、习得和运用向所有人开放，是一项社会集体努力。《报告》批评了教育私有化，并为知识的私有化趋势担忧。《报告》说："教育是社会平等链条上的第一环，不应将教育出让给市场。"教育作为一项公益事业，国家要确保教育权的落实。

三是强调多样性、多元化。《报告》认为，共同利益的含义必须根据环境的多样性以及关于幸福和共同生活的多种概念来界定。共同利益有多种文化的解读。因此，在尊重基本权利的同时要承认并培养关于环境、世界观和知识体系的多样性。教育作为共同利益应该具有包容性。因此，必须探索主流知识模式之外的其他各种知识体系，承认并妥善安处其他知识体系，而不是将其放在劣势地位。这里指的是各种社会、民族，特别是弱势群族的文化知识体系。

这是对教育本质的深刻认识。过去人们总是用工具理论来解释教育。教育要不就是作为阶级斗争、政治斗争的工具，要不就是作为经济增长的工具，人们缺乏对教育作为人的生存和发展的权利、对人的本体发展的重要性的认识。教育的确离不开政治和经济，并要为它们服务。但教育更是人的权利，同时只有个体得到发展，才能为政治经济服务。

三、全方位的终身学习方式

《报告》认为，面临当前的社会挑战，学习方式需要改变，要重新定义学习的概念。学习可以理解为获得信息、认识、技能、价值观和态度。学习既是过程，也是这个过程的结果；既是手段，也是目的；既是个人行为，也是集体努力。学习是由环境决定的多方面的现实存在。《报告》批评当前国际教育讨论张口闭口谈学习，但"主要关注的是教育过程的结果，而往往忽视了学习的过程。关注结果，主要是指学习成绩"，而忽视了"对于个人和社会发展具有重要意义的知识、技能、价值观和态度"。面对当前社会和经济的变革，教育要帮助人们改变思维方式和世界观。同时，《报告》认为，教育作为全球共同利益，需要采用开放的、灵活的、全方位的终身学习方式。

过去，把教育理解为有计划、有意识、有目的和有组织的学习。正规教育和非正规教育都是制度化的。但是人的许多学习是非正式的。"我们在生活中学习到的许多知识并非有意为之。这种非正式学习是所有社会化经验的必然体验。"所以要重视非正式学习。

《报告》提出要"反思课程编排"，强调人文主义课程和多元化课程，反对一切文化"霸权"、定型观念和偏见，把课程建立在跨文化的基础上。

当今世界进入了互联网时代。互联网改变了人们获取消息和知识的途径、交流方式。《报告》认为，数字技术为表达自由创造了更多机会，但同时也引发了人们关心的重大问题：个人信息涉及隐私和安全等重要问题。需要用法律和其他保障措施来防止数字技术的误用。"在这个新的网络世界里，教育工作者需要帮助新一代'数字国民'做好更加充分的准备，应对现有数字技术乃至今后更新技术的伦理和社会问题。"

四、学校教育和教师不会消亡

在数字化、互联网时代，学校和教师起什么作用，会不会消亡？《报告》的回答是否定的。《报告》提出，现在有些人认为，由于电子学习、移动学习和其他数字技术提供了大量学习机会，学校教育没有前途。但是《报告》认为，正如《富尔报告》和《德洛尔报告》中说的，虽然知识的来源改变了，人们与知识之间的交流互动方式也改变了，但正规教育系统变化缓慢。因此，《报告》认为："学校教育的重要性并没有削弱。学校教育是制度化学习和在家庭之外实现社会化的第一步，是社会学习（学会做人和学会生存）的重要组成部分。学习不应只是个人的事情，作为一种社会经验，需要与他人共同学习，以及通过与同伴和老师进行讨论及辩论的方式来学习。"这一段话，既说明学校教育的不可替代性，又说明当代学习方式的变化。学习不是个人埋头读书，需要与同伴和教师共同学习。

当然，数字化、互联网大大拓宽了学习空间，给以课堂为中心的学习带来挑战。《报告》介绍了慕课和移动学习的方式和特点，但目前的发展趋势是从传统教育机构，转向混合、多样化和复杂的学习格局，实现正规学习、非正规学习和非正式学习，让学校教育和正规教育机构与其他非正规教育经验开展更加密切的互动，而且这种互动要从幼儿阶段开始，延续终生。

《报告》指出，某些人起初预测，教师职业会消亡，数字技术将逐步取代教师。但《报告》认为，"这种预测已不再令人信服"，教师应当成为"向导，引导学习者（从幼儿时期开始，贯穿整个学习轨迹）通过不断扩大知识库来实现发展与进步"。

因此，"所有国家必须仍将有效的教学职业视为本国教育政策的优先事项"。

《报告》提出，我们必须反思师范教育和培训的内容和目标。我们应该为教师提供更具吸引力、更能激发他们的积极性以及更加稳定的生活和工作条件，包括薪资和职业前景。"教师需要接受培训，学会促进学习、理解多样性、做到包容、培养与他人共存的能力以及保护和改善环境的能力。教师必须促进尊重他人和安全的课堂环境，鼓励自尊和自主，并且运用多种多样的教学和辅导策略。教师必须与家长和社区进行有效的沟通。教师应与其他教师开展团队合作，维护学校的整体利益。"总之，教师要不断提高专业化水平。

以上这些见解都具有时代性、针对性，很有现实的意义。

五、三个时代，三份报告

《富尔报告》发表在 1972 年，是在 20 世纪五六十年代科学技术迅猛发展的背景下提出来的，充满了科学主义和经济主义的精神。该报告认为：20 世纪科学技术的发展改变了世界，科学技术革命把人类带入了学习化社会。人们只有不断学习，才能适应科学技术革命所带来的生产和社会的变革。而"教育是随着经济的进展而进展的，从而也是随着生产技术的演进而演进的"。因而科学技术革命使得知识与训练，也就是教育有了全新的意义。该报告提出了"终身教育"的概念，并特别强调"学习化社会"和"终身教育"两个基本观念。这两个观念影响了世界教育的发展。

《德洛尔报告》发表在 1996 年，是在世界经济经过七八十年高速发展的黄金时代逐步走向衰退的时候，也是在世纪之交的时候。人们期望 21 世纪经济能有更好的发展，社会矛盾能有所缓解，环境得到有效的改善。该报告充满了乐观主义和理想主义的色彩，并对教育充满了希望；在教育上提出"四大支柱"，即学会认知、学会做事、学会合作、学会生存。

但是，21 世纪初的社会发展并没有像《德洛尔报告》所说的那么乐观。2001 年的"9·11"恐怖袭击事件打破了世界的平静，2008 年的经济危机至今让世界经济尚未复苏，暴力冲击、青年失业、男女不平等、环境污染等种种矛盾，以及教育与就业之间日益扩大的鸿沟，使青年的挫败感加深。《报告》认为要重新定义知识、学习和教育，提出以人文主义为基础，教育要尊重生命和人类尊严、权利平等、社会正义、文化多样、国际团结和为创造可持续的未来承担责任；强调知识是人类共同财富，知识应该人类共享；个人的发展也不是孤立的，是在人类社会共同发展进程中发展的，从而提出"教育是全球利益"的新概念。

《报告》虽然一再声称，它是继承《富尔报告》和《德洛尔报告》的精神，并且重新强调"终身教育"，重新解释了学习的"四大支柱"。但与前两个报告不同，《报告》反映了当今时代的要求，充满了人文主义精神。教育不仅要重视知识和技能的培养，更要重视价值观和态度的培养。教育要立足于世界，培养无论是在道德品质上，还是在知识和技能上，能够创造可持续发展的未来的人。这种新的教育理念必将影响世界各国教育的改革和发展。

教育领域里的悖论*

　　教育对一个国家、民族来讲，关系到国家的兴衰、民族的未来；对一个家庭来讲，关系到一家的幸福；对学生个人来讲，关系到一生的前途。尽管大家都希望教育越办越好，但教育领域还存在许多悖论。

　　悖论之一是，近年来教育形势大好，促进教育公平、提高教育质量均有较大进展。但一些有条件的家庭仍然愿意把孩子送到国外去学习，特别是高级知识分子家庭，每年以两位数的比例增长，而且出国孩子年龄越来越小。过去是怕考不上大学而送孩子出国学习，现在是优秀的孩子选择出国学习。许多家长反映，中国的中小学教育对孩子要求过多，限制过死，束缚孩子潜在能力的发展。由于怕影响孩子的发展，所以要早一点送到国外去学习。

　　什么是真正的教育质量？许多校长、老师口头上说提高教育质量，但把教育质量停留在考试分数上，实际上做着违背提高质量的事，增加学生负担，进行机械的训练，极大地妨碍了学生综合素质的提高。

　　悖论之二是，某些地方干部一方面高喊素质教育，另一方面给学校、教师施加压力，把升学率作为自己的政绩。要知道，升学率是一个常数，每年全国升学率都有一个定数。甲学校提高了，乙学校就会降低，不可能每所学校都年年提高。追求升

---

　　* 原载《中国教育报》2016年1月26日。

学率就像盲目追求国内生产总值（GDP）一样，污染了环境，将来治理要付出成倍的代价。

悖论之三是，一方面规定要减轻学生的课业负担，小学低年级不留作业，另一方面教师又布置了许多家庭活动，甚至需要学生和家长共同完成，许多家长觉得苦不堪言；一方面学校减少了学生的家庭作业，另一方面家长又送孩子上各种补习班，学生负担日益加重。总之，教师和家长一起，不让学生有空闲的时间，不让孩子有自由的游玩活动，不相信孩子需要在玩耍中成长。

悖论之四是，教育部门一方面规定减少学生的考试，另一方面又布置各种测评，虽说是抽样的，但学校班班要准备，结果反而增加了学生负担。教育质量的监测是需要的，但要不要用考试的方法来测评？用这种方法监测还是一种分数思维，依然是以考试分数为标准。国家明文规定不要以分数排队，但有些地区仍然半公开地按分数对学校排队，学校也按分数对学生排队。学校、老师和学生因而感到很大的压力。

悖论之五是，大家都说要培养创新人才，从小要打好基础，但我们的人才培养模式又处处限制学生思维。许多小学限制学生的自由活动，这也不许干，那也不能做。许多家长反映，孩子得不到自由发展。一方面要培养学生创新精神，另一方面又不重视学生批判性思维能力的培养，事事都设标准答案。

悖论之六是，天天说要把爱心献给学生，要热爱每个学生，却常常把学生分成三六九等，继续评选所谓的"三好学生"。要知道这样只能鼓励一部分学生，却伤害了大部分学生。学生正在成长中，发展不是线性的，有时是会犯错的，人的一生就是在犯错中不断成长。我们天天在讲宽容，但对孩子的犯错却不宽容。学生是需要激励的，是需要榜样的，但不能把学生定格在谁是好学生、谁是差学生上。

悖论之七是，大家都认为"教育大计，教师为本"，要尊师重教，但教师群体却得不到社会应有的信任和尊重。许多家长对学校抱有"托管"思维，把孩子交给学校，学校就要负全部责任，导致家庭教育缺失，"校闹"事件时有发生。一方面家长希望孩子有好老师，因此不仅要择校，还要择老师，另一方面很少有家长愿意把孩子送去学师范。这说明在我国，教师职业缺乏足够的吸引力，尊师重教某种程度上还停留在口头上。

悖论之八是，家长一方面希望孩子过上幸福的生活，另一方面又在压抑孩子，让孩子埋在作业堆里，"两耳不闻窗外事，一心只做练习题"，使孩子养成孤僻、以自我为中心的性格，还美其名曰"为了将来的幸福，只好牺牲童年的幸福"。事实上，没有童年的幸福，没有养成良好的习惯，没有形成完善的人格，孩子将来也不可能幸福。

教育领域类似的悖论还有不少。笔者认为，这些悖论破解了，我国教育必能更健康地发展。

教育领域综合改革的宏观视野 *

　　党的十八届三中全会通过的《中共中央关于全面深化改革若干重大问题的决定》（以下简称《决定》），对全面深化改革的重要领域和关键问题做出了重要部署，提出要"深化教育领域综合改革"，明确了教育改革的攻坚方向和重点举措。2014年3月5日，李克强总理在两会政府工作报告中再次强调要"促进教育事业优先发展、公平发展……要为下一代提供良好的教育，努力使每一个孩子有公平的发展机会"。很多其他领域的改革都与教育息息相关。中国的教育改革已进入深水区，必须进行通盘、全面的综合改革。

一、中国社会改革的总体精神

　　我们为什么要全面深化改革？因为改革开放是党在新的时代条件下带领全国各族人民进行的新的伟大革命，是决定当代中国命运的关键抉择，是党和人民事业大踏步赶上时代的重要法宝，其最主要成果是开创和发展了中国特色社会主义。发展永无止境，解放思想永无止境，改革开放永无止境。《决定》指出全面深化改革的总目标是：完善和发展中国特色社会主义制度，推进国家治理体系和治理能力现代化。加快发展社会主义市场经济、民主政治、先进文化、和谐社会和生态文明，让一切创造社会财富的源泉充分涌流，让发展成果更多更公平地

---

　　* 原载《教育研究》2014年第6期。

惠及全体人民。两会政府工作报告中也提出今年的工作重心是"以深化改革为强大动力，以调整结构为主攻方向，以改善民生为根本目的，统筹兼顾，突出重点，务求实效"。

《决定》指出：全面改革要以经济建设为中心，发挥经济体制改革的牵引作用，推动生产关系同生产力、上层建筑同经济基础相适应，推动经济社会持续健康发展。改革的核心是处理好政府与市场的关系，使市场在资源配置中起决定性作用和更好地发挥政府的作用。市场决定资源配置是市场经济的一般规律，是健全社会主义市场经济体制必须遵循的规律。事实上，我们党对这条规律有一个认识深化的过程：党的十四大、十五大都提出，要使市场经济在国家宏观调控下对资源配置起基础性作用；十六大提出，在更大程度上发挥市场在资源配置中的基础性作用；十七大提出，从制度上更好地发挥市场在资源配置中的基础性作用；十八大提出，更大程度更广范围发挥市场在资源配置中的基础性作用；十八届三中全会则把"基础性作用"修改为"决定性作用"，这体现了要进一步处理好政府与市场的关系，目的正如习近平总书记在关于三中全会《决定》的说明中指出的，以尽可能少的资源投入生产尽可能多的产品，获得尽可能大的效益。这一变化过程反映了对市场在经济发展中的作用认识的深化。这种变化必将影响我国经济社会改革的方方面面，教育领域莫能除外。

《决定》第 60 条也就是最后一条指出："人民是改革的主体，要坚持党的群众路线，建立社会参与机制，充分发挥人民群众积极性、主动性、创造性。"习近平总书记在关于三中全会《决定》的说明中又提出，在改革过程中要注意以下几个问题：第一，增强推进改革的信心和勇气；第二，坚持解放思想，实事求是；第三，坚持从大局出发考虑问题。这是教育改革也需要注意的问题。

二、社会领域改革与教育改革

教育改革离不开整个国家改革的形势。社会领域的各项改革都会影响教育改革。因此，教育领域的综合改革必须密切关注各项社会改革，并与之相配合和相适应。

第一，市场在资源配置中起决定性作用的改革，体现了政府与市场的关系。虽然教育是公益事业，但市场在资源配置中起决定性作用必然会影响教育投入的多元化、政府购买教育服务等问题。《决定》明确提出，鼓励社会力量兴办教育。除义务教育阶段全部免费外，非义务教育阶段的成本分担如何更加合理，值得认真探讨。2014 年已有几个省份提出提高大学的学费，社会反映强烈，需要认真研究、慎重对待。

第二，《决定》提出，加快转变政府职能。《决定》第 16 条提出，加快事业单位分类改革，加大政府购买公共服务力度，推动公办事业单位与主管部门理顺关系和去行政化，创造条件，逐步取消学校、科研院所、医院等单位的行政级别。这些规定与教育改革都有直接关系。什么叫去行政化？怎么去行政化？并非只是取消学校领导的行政职级那样简单，而是要树立"教育大计，教师为本"的思想，中小学要依靠教师办学，大学要依靠教授治学，建立权威的学术委员会来决定学校的学术发展和教学工作的重大问题。

第三，《决定》提出，健全城乡发展一体化体制机制，取消城乡二元结构，推进城镇化建设，改革户籍制度。这就必然会涉及教育资源的配置、教育结构的调整、城镇学校的发展和布局、进城务工随迁子女上学和升学等一系列问题，会遇到许多困难和矛盾，这些问题都需要通过深化教育改革来解决。

第四，《决定》第 13 条提出："深化科技体制改革。建立健全鼓励原始创新、集成创新、引进消化吸收再创新的体制机制，健全技术创新市场导向机制，发挥市场对技术研发方向、路线选择、要素价格、各类创新要素配置的导向作用。"这不仅会影响科研单位、企业研发机构，对高等学校的科研也会有重大影响。

第五，《决定》提出的社会主义民主政治制度建设、推进文化体制机制创新、推进社会事业改革创新、加快生态文明制度建设等，都需要人力资源的支撑。人才是关键，教育是基础。教育要通过综合改革为我国经济社会各方面的改革和发展培养高素质人才和一批拔尖创新人才。

三、全面深化教育领域综合改革

《决定》第 42 条提出，要深化教育领域综合改革。我国教育已经从数量的发展转入质量提高的新阶段。解决了有学上的问题，还要解决上好学的问题。所谓综合改革，就是要进行通盘、全面的改革。

（一）改革的核心是立德树人

立德树人是解决培养什么样的人，怎样培养的重大问题。十八大报告明确指出，立德树人是教育的根本任务。各级政府和教育部门都应该树立正确的教育观、人才观、质量观，把培养具有社会责任感、创新精神和实践能力的德智体美全面发展的建设者和接班人作为根本的任务。《决定》提出了具体要求：（1）加强社会主义核心价值体系教育；（2）完善中华优秀传统文化教育；（3）形成爱学习、爱劳动、爱祖国活动的有效形式和长效机制；（4）增强学生的社会责任感、创新精神、实践能力；（5）强化体育课和课外锻炼，促进青少年身心健康、体魄强健；（6）改进美育教学，提高学生审美和人文素养；（7）标本兼治减轻学生学业负担。这就是全面贯彻党的教育方针、推进素质教育的内容，体现了时代精神和现实要求。

立德树人是我国的优秀传统。中国传统文化既强调个人道德主体精神的弘扬、个人精神境界的追求，又注重个人的道德修养，从而正确处理个人与家庭、个人与国家的关系。

立德树人是时代的要求。当前我们的教育正在遭遇多元文化、多元价值观的挑战，青少年受到社会各种思潮的影响，如果我们不能用正确的人生观、世界观、价值观加以引导，青少年可能就会迷失方向，走入歧途。加强道德教育是当前形势的迫切要求。

党和政府历来重视思想政治教育和道德教育。《教育规划纲要》明确提出："坚持德育为先，立德树人，把社会主义核心价值体系融入国民教育全过程。"习近平总书记2013年11月26日在山东考察时指出："国无德不兴，人无德不立。必须加强全社会的思想道德建设，激发人们形成善良的道德意愿、道德情感，培养正确的道德判断和道德责任，提高道德实践能力尤其是自觉践行能力。"

立德树人，就要把社会主义核心价值观教育贯穿教育的全过程。纵向来讲，从幼儿到研究生都要用适合的、有效的方式进行社会主义核心价值观教育；横向来讲，要把社会主义核心价值观贯穿到学校教育教学的全过程，真正做到教书育人。

当前特别要重视诚信教育。社会缺乏诚信，许多矛盾难以解决，就不可能建设和谐社会。诚信是社会主义核心价值观的重要内容，也是中华美德。《左传》曰："人所以立，信、知、勇也。"诚信既是立身之本，也是一个民族、一个国家的生存之基。

（二）改革的重点之一是促进教育公平和提升教育质量

《决定》提出，要大力促进教育公平。为此要做到：（1）健全家庭经济困难学生资助体系；（2）构建利用信息化手段扩大优质教育资源覆盖面的有效机制；（3）逐步缩小区域、城乡、校际差距，统筹城乡义务教育资源均衡配置，实行公办学校标准化建设；（4）实行校长教师交流轮岗制度；（5）不设重点学校重点班，破解择校难题。2014年3月的两会政府工作报告特别强调教育资源要向中西部地区和农村倾斜，全面改善贫困地区义务教育薄弱学校办学条件，加强农村特别是边远贫困地区教师队伍建设，扩大优质教育资源覆盖面，改善贫困地区农村儿童营养状况。促进教育公平、提高教育质量，难点在农村。在《决定》中确定的城乡一体化、农村城镇化的方针下，如何加强农村教育改革和发展是摆在教育部门面前迫切而艰巨的任务。教育理论工作者要把目光转向农村，深入调查研究，为教育决策部门提供科学的咨询建议。教育部门要攻坚克难，办好每一所农村学校，教好每一个农村孩子，办农民满意的教育。

《教育规划纲要》把促进公平和提高质量作为教育工作的重点。这是一个问题的两个方面，只有普遍提高教育质量，才能促进教育公平。而促进教育公平和提高教育质量，需要解放思想，大胆改革，需要群众的集体智慧和创新。校舍等硬件建设比较容易达到，软件建设，特别是教师队伍建设就不是一朝一夕的事了。关于校长教师流动，教师中就有许多议论，也有不少困难，需要认真设计和统筹。 此外，择校问题也是大城市教育改革的难点。2014 年 1 月教育部公布《关于进一步做好小学升入初中免试就近入学工作的实施意见》，这是贯彻落实十八届三中全会精神和《教育规划纲要》的具体举措，表明了政府推进教育公平、深化教育改革的决心。

（三）改革的重点之二是考试招生制度改革

考试招生制度改革是家长、教师、学校乃至全社会最关心的事情。《决定》提出：（1）探索招生和考试相对分离、学生考试多次选择、学校依法自主招生、专业机构组织实施、政府宏观管理、社会参与监督的运行机制，从根本上解决一考定终身的弊端；（2）义务教育免费就近入学，试行学区制和九年一贯对口招生；（3）推进初高中学业水平考试和综合素质评价；（4）加快推进职业院校分类招考或注册入学；（5）逐步推行普通高校基于统一高考和学业水平考试成绩的综合评价多元录取机制；（6）探索全国统考减少科目、不分文理科、外语等科目社会化考试一年多考；（7）试行普通高校、高职院校、成人高校之间学分转换，拓宽终身学习通道。总的精神是要让人人都能通过各种渠道获得接受教育的机会，只要努力人人都能获得成功。其实，考试制度改革不仅是改革评价人才、选拔人才的手段，而且可以促进中小学的课程改革和人才培养模式改革，有利于推进素质教育，同时也可以通过改革建立起全民学习、终身学习的学习型社会。这些改革的力度都很大，会极大地影响中小学教育教学工作。如高中水平考试和综合素质评价如何进行，等级评价如何实施，这些改革如何影响基础教育的改革等，都是中小学十分关心的问题，需要解放思想，改革创新，各地要创造新的经验。

（四）改革的重点之三是教育管理体制改革

《决定》提出，要进一步推进管办评分离，扩大省级政府教育统筹权和学校办学自主权，完善学校内部治理结构。这涉及政府和学校的关系，是教育改革的制度保障。要简政放权，政府加强宏观调控和管理，扩大学校的办学自主权，使学校办出特色；地方政府和教育部门要克服升学率的政绩观，端正办学思想；探索多样化办学体制，开展多样化学校制度的改革实验，有条件的地方可以实现义务教育九年一贯制、十二年一贯制的实验；高中阶段实施综合高中的改革，把普通教育与职业教育结合起来；鼓励多元主体多种形式办学，支持民办教育发展，充分发挥市场对民办教育资源配置的作用，把民办教育作为教育事业的重要增长点和教育改革的重要力量。"办人民满意的教育应该考虑三个方面：公平的教育机会、优良的教育品质、可满足的教育选择需求。合理的教育结构，就是在政府主导下公办教育以提供公平的公共服务为主，民办教育以提供选择性教育为主。"

四、动员全社会力量推进教育领域综合改革

深化教育领域综合改革，需要全社会共同努力，营造一个良好的教育环境，使我国的教育健康发展。

（一）坚持把教育放在优先发展的战略地位

《教育规划纲要》指出："各级党委和政府要把优先发展教育作为贯彻落实科学发展观的一项基本要求，切实保证经济社会发展规划优先安排教育发展，财政资金优先保障教育投入，公共资源优先满足教育和人力资源开发需要。"2012年我国教育经费已实现占国民生产总值4%的目标，今后仍然要坚持这个目

标并逐年有所增长。把教育放在优先发展的战略地位，不只是增加投入的问题，而是要在经济社会发展规划时优先考虑教育的问题。

（二）学校要为每一个学生提供适合的教育

教育领域存在的矛盾是复杂的，是社会矛盾的反映。教育要有所作为，需要学校校长和教师更新教育观念，改变人才培养模式，坚持以人为本，克服"应试教育"的弊端；坚持以学生为主体，把选择权还给学生；认真贯彻《教育规划纲要》，坚持德育为先、能力为重、全面发展和个性发展相结合，培养学生服务国家和服务人民的社会责任感、创新精神和实践能力。从教育内部的改革来讲，当前人才培养模式的改革是最重要的一环。也就是说，一切改革都要落实到学校的教育教学工作上，落实到人才成长上。我国基础教育有优势，重视学生基本知识、基本技能的掌握。但我们的缺点是，缺乏思维方式和创新能力的培养，特别是受"应试教育"的干扰，学生处于"被教育""被学习"的状态。学校要为每个学生营造良好的学习环境，为每个学生提供适合的教育，使每个学生的潜能都得到充分发展，使每个学生都能获得成功。

（三）恰当地利用信息技术改进教育教学工作

社会已进入信息化时代，现代信息技术正在改变教育环境、教育模式、师生关系、教育管理等，教育领域信息化的特点是：开放性、网络化、个性化、国际化。教育改革要充分而适当地利用信息技术改变人才培养模式：为学生设计个性化学习平台，通过大数据了解学生的学习和生活，通过互联网与学生沟通及与家长联系。教师要指导学生正确选择信息、处理信息的策略和方法，防止学生迷恋于网络游戏，教师要成为学生学习的设计者、指导者、帮助者。

（四）加强师德建设

教师要热爱教育、热爱学生，把热爱学生建立在相信学生、尊重学生的基础上；了解学生的需要和困难，满腔热情地帮助学生学习；公平对待每个学生，不把学生分成三六九等；尊重学生的人格，不侮辱、不讽刺学生。

当前有些学校出现了"教育懈怠"现象，需要重视。这是由于教师缺乏对教育事业的认识，缺乏精益求精的精神。要加强教师对教育事业的崇高理想教育，把教育事业看作关系到国家盛衰、民族兴亡的事业，关系到家庭的幸福、孩子的前途。教师要提高思想品德和文化修养，增强奉献精神和创新精神，对教育工作精益求精。对少数教师的失德行为要严肃处理，严重的要逐出教师队伍。

（五）学校教育和家庭教育形成合力

学校教育和家庭教育形成合力，就会变成巨大的教育力量。当前出现了学校和家庭的矛盾，学校要减轻学生的学业负担，家长要增加学生的负担。这当然不能怪家长，这是教育的激烈竞争带来的矛盾。消解这种矛盾，一方面需要家长克服陈旧的观念，用正确的教育方法促进孩子思想品德、生理心理、学习能力全面健康的发展；另一方面学校要主动与家长沟通，交流教育思想和方法，使家长了解儿童青少年成长的规律，尊重孩子，理解减轻学业负担对孩子健康发展的重要性，使家长支持学校的改革。

（六）发挥媒体的教育作用

媒体要为教育改革提供正能量。电视、网络是儿童青少年接触最多、最喜爱的媒体，他们从各种媒体中获得许多有益的信息和知识。但毋庸讳言，当前媒体特别是网络媒体存在许多不利于儿童青少年健康成长的内容。有些网站散布色情、暴力等内容，恶化学习环境。有关部门要加强监管，坚决取缔不法网站和网吧，同时媒体主办单位应该负起应有的社会责任，以我们的子孙后代健康成长为重，以民族未来为重，发挥媒体的教育作用，杜绝一切不良内容。

（七）形成尊师重教的社会氛围

教育领域存在众多矛盾，社会舆情要全面分析，切忌以偏概全；要鼓励改革，不要求全责备，要大力宣传教育领域改革的新鲜经验、先进事迹，鼓舞士气。我国有 1 400 多万名教师，绝大多数坚守在教育第一线，他们敬业爱岗，爱护学生，为教育事业贡献力量，值得全社会尊重。

2014 年 1 月，《中国教育报》记者采访芬兰教育与科技部部长克丽斯塔·基乌鲁，在谈到芬兰教育的成功经验时，克丽斯塔·基乌鲁说：信任是芬兰教育公平和高质量的基础；高度的教育自主权使教师在芬兰成为一个有魅力、受尊敬、受欢迎的职业；对教师的尊重和对教师专业的投入是最有效的，也是最有价值的。[①]这些观念值得我们深思。

总之，教育是系统工程，教育不只是教育部门的事，需要全社会共同努力、通力协作，创造一个具有中国特色的崭新的现代教育制度。

---

① 张东：《芬兰教育与科技部部长：信任成就世界一流教育》，《中国教育报》2014 年 1 月 3 日。

教育观念现代化是教育现代化的灵魂*

《教育规划纲要》规定，到 2020 年我国要基本实现教育现代化。但教育现代化的标准大家还不是很清楚。因此，首先要明确什么叫教育现代化。我认为，教育现代化就是以现代信息社会为基础，以先进教育观念为指导，运用先进信息技术促进教育变革的过程。我国教育现代化的过程，就是按照"教育要面向现代化，面向世界，面向未来"的要求，通过教育改革和体制创新，由传统教育向现代教育转变的过程。教育现代化内涵十分丰富，包括观念、制度、内容、方法等多个层面，其灵魂是教育观念的现代化。

之所以说教育观念的现代化是教育现代化的灵魂，是因为只有教育观念转变了，才有制度的转变和内容方法的改革。我国在清末民初就引进了西方的教育制度，教育内容也几经更新，但教育观念却没有彻底转变。正如《教育规划纲要》指出的，我们的"教育观念相对落后"。教育观念的转变是最主要也是最艰难的转变，因为观念是隐藏在人们头脑中根深蒂固的、最不易变化的东西，它与长期积淀的文化传统、民族心理有关，也与现实的社会环境有关。教育观念首先表现为对教育本质、教育价值的认识。教育要回答的无非是三个问题：什么是教育？为什么要教育？怎样教育？这三个问题都包含着对教育本质和价值的认识。

比如，对于什么是教育，我们有一个逐步认识的过程。长

---

* 原载《人民日报》2016 年 1 月 31 日。

期以来，我们总是用工具理性来认识教育。现在，许多人认为教育要为经济建设服务，这当然没有错。教育离不开一定社会并要为它服务，但教育的本质是促进人的发展，是通过传承文化、创新知识的过程促进人的发展，把一个属于生物的人培养成社会的人。只有人的个体发展了，才能为经济社会发展服务。所以，立德树人就是教育的根本任务，要着力提高学生服务国家服务人民的社会责任感、勇于探索的创新精神和善于解决问题的实践能力，把学生培养成为德智体美全面发展的人才。受教育是每个人发展的权利，为社会服务是每个人生存的义务。前不久，联合国教科文组织在成立 70 周年的时候发布了新的报告，叫《反思教育：向"全球共同利益"的理念转变？》，提出面对当今世界的种种矛盾和冲突挑战，要重新定义知识、学习和教育。教育应该坚持人文主义，以尊重生命和人类尊严、权利平等、社会正义、文化多样性、国际团结和分担责任为基础，教育应是"全球共同利益"。在教育观念上，我们要超越狭隘的功利主义和经济主义，将人类生存的多个方面融合起来，采取开放的、灵活的、全方位的学习方法，为所有人提供发挥自身潜能的机会，以实现可持续的未来，过上有尊严的生活。这就是教育现代化的观念。

在教育观念层面，我曾提出过教育现代化的八大特征，即教育的民主性和公平性、教育的生产性和社会性、教育的终身性和全时空性、教育的个性化和创造性、教育的多样性和差异性、教育的信息化和创新性、教育的国际性和开放性、教育的科学性和法制性。这是从宏观层面来说的，而从人才培养模式的微观层面来讲，教育现代化的主要理念应该是个性化、差异性、创造性、开放性。要做到这一点，就要坚持以学生为主体，改革传统的人才培养模式，充分调动学生学习的主体性、主动性和创造性；注意学生的差异性，因材施教，为每个学生提供适合的教育，使学生的潜能得到充分发挥。

当前，"互联网+"为教育现代化提供了有利条件。"互联网+教育"必然会引起教育和学习环境的变革。它改变了学习的时间和空间，改变了师生的关系。学习者不再限于学校里或课堂上，而是时时处处可以学习，可以从互联网上获得各种信息。"互联网+教育"的最大优势是个性化、互动性、开放性。在"互联网+教育"的环境下，教师已经不是知识的唯一载体，更不再是知识的权威。教师应利用互联网的特点为每个学生设计适合他们的学习环境，同时指导学生收集处理信息的正确策略和方法，帮助学生解决学习中的困难，与学生共同学习。因此，教师应该是学生学习的设计者、指导者、帮助者以及和学生共同学习的伙伴。这也要求我们在教育观念上与时俱进。

因此，教育现代化绝对不只是校舍、设备的现代化。拥有再豪华的校舍、再先进的设备，如果教育观念陈旧，教育方法还是老样子，那还算不上教育现代化。更重要的是教育工作者教育观念的现代化，能用现代教育观念和方式方法培养具有时代精神和中华民族情怀的现代国民。

学生成长在活动中[*]
——我提倡"活动教育"

　　教育是人类传承文化、创造知识、培养人才的活动。教育是在师生相互活动中进行的。过去许多教育家都提倡过在活动中教育学生。法国教育家卢梭提倡让儿童通过实践活动和接触实际事物获得知识。瑞士教育家裴斯泰洛齐受卢梭教育思想的影响，提倡教学与生产劳动相结合，让每个儿童参加农业和手工业劳动，在劳动中学习。美国教育家杜威提出学校即社会，教育即生活，要摆脱课堂中心、课本中心、教师中心，让学生在生活中学习。中国教育家陶行知则把杜威的话倒过来，即社会即学校，生活即教育，提倡"生活教育"，更强调学生要以社会和生活为学习对象，并在生活中学习。陈鹤琴则提出"活教育"，批判旧教育为死教育，脱离儿童的实际；主张儿童教育的发展要符合儿童身心发展规律；反对"书本中心"，主张儿童面对大自然、大社会去获取知识。他们都是主张儿童要在生活中、在实践中学习。

　　我提倡的"活动教育"与陶行知的生活教育有稍许不同。陶行知的生活教育是指儿童的学习对象、内容和方法，即向生活学习、向社会学习。我提倡的活动教育是指儿童成长的过程，主张儿童成长在活动中。这里的活动既指学校课堂上的活动，

----

　　[*] 原载《基础教育论坛》2015年第1期。

也指在家庭中的活动、参加社会实践的活动。总之，是指儿童参与的一切活动。儿童（学生）成长在活动中，是指儿童是依靠自己的活动成长的，外在的一切教育影响都是儿童成长的条件，而成长的决定因素是儿童自己的活动、自己的体验。

一、活动教育的理论基础

活动教育的理论基础是什么？它的哲学基础就是实践论。实践是检验真理的唯一标准。毛泽东在《实践论》一文中说："马克思主义的哲学辩证唯物论有两个最显著的特点：一是它的阶级性，公然申明辩证唯物论是为无产阶级服务的；再一个是它的实践性，强调理论对于实践的依赖关系，理论的基础是实践，又转过来为实践服务。"人的知识是在实践中产生的。马克思主义认识论认为，人的认识过程是在主客体二者相互作用的实践活动过程中主体对客体的认识。教育过程也是一种认识过程，其与一般认识过程不同的地方是，学生在教师指导下进行的认识过程。但学生必须主动地参与到教育活动中，也就是说，学生要成为认识的主体，并在实践活动中获取真正的认识。所以，学生是主体，是在主客体相互作用，即实践活动中获取知识、体悟人生、养成良好品德。

活动教育的心理学基础是，儿童的认识过程是儿童在实践活动中从感觉开始，通过知觉、记忆和思维活动，从现象到概念，从表面到本质，从而获得知识和能力。儿童发展需要多种感觉器官的活动，运用的器官越多，感知事物的能力越强。儿童呱呱坠地，不是通过书本和父母的说教学习的，而是用眼神与父母交流，用肢体向父母学习。瑞士心理学家皮亚杰把儿童发展分为：感知运动阶段（出生到2岁）、前运算阶段（2—7

岁）、具体运算阶段（约7—12岁）、形式运算阶段（约 11、12岁以后）。直到形式运算阶段，儿童才开始能够进行假设——演绎推理、使用命题逻辑、将形式与内容完全分离等。就是在这个阶段，儿童认识事物也还是要以实践为基础，没有实践经验为基础，很难进行假设——演绎推理。尤其是儿童的情感、意志、品质等非智力因素，只有在实践中体验和发展。所以，活动是儿童成长的动力。

活动教育的教育学基础是学生主体论。教育过程必须具备三个要素，即教师、学生和教育影响（通常主要指教育内容）。教育内容是教师教的对象，也是学生学习的对象。只有教师和内容，没有学生，形成不了教育过程；只有学生和内容，学生学习内容，没有教师参与，那只能说是自学，不是教育过程。必须三者统一才能形成教育过程或教学过程。

但是三者的关系如何定位？这就产生了不同的教育观念、教育流派。传统教育以教师为中心，教师是知识的载体，是知识的权威，一切都要听教师的。现代教育以学生为主体。首先，教育不是单纯地传授知识，而是要培养学生的能力，帮助学生形成正确的世界观、人生观、价值观。能力的养成和正确价值观的形成，不能依靠教师的灌输，必须依靠学生自己的参与和努力。其次，针对知识而言，在当今信息化时代，教师已经不是知识的唯一载体，更不是知识的权威，学生可以从多种渠道获取知识。再次，学生具有主观能动性，不是简单的容器。学生即使坐在教室里听课，如果没有参与到教学活动中，没有动脑筋思考老师讲的内容，那么他就没有参与到教育过程中，也就获取不到知识。知识、能力、价值观是学生主观能动地参与教育过程才能获得的。参与就是活动，所以，学生成长在活动中。

二、活动教育的宗旨

活动教育的宗旨是，让学生在活动中生动活泼、主动地成长。活动教育的内涵是以学生为主体，让学生自主地参加各种活动，让学生在活动中获取知识和智慧、能力和技巧，体悟人生，形成正确的世界观、人生观、价值观，养成高尚的品质和完善的人格。

活动教育中的活动，包括学校的课堂教学、课外活动，家庭和社会上的各种活动。课堂教学要以学生为主体，让学生积极参与教学过程。所谓参与，就是让学生积极思维，融入教学过程。现在课程改革提倡学生探究式学习，美国教育家布鲁纳提倡发现法，都是让学生积极思维、参与教学过程。许多有经验的教师提倡"讲讲、读读、议议""先学后教""尝试教学"等，都是为了调动学生的积极主动性，让学生参与到教学过程中，在活动中获取知识和能力。

但不要误解，学生活动并非指学生的肢体动作，更重要的是学生的思维活动。有些课堂搞得很热闹，学生讨论得热烈，甚至又唱又跳，但据我观察，总有少数学生并没有积极参与，似乎是旁观者，没有积极的思维活动。

也不要误解，认为讲解课就没有学生的活动。如果老师的精辟讲解能够启发学生的积极思维，讲解课也是一堂好课。学习是一种思维活动，学生只有在积极思维活动中才能获取知识和能力，才能把知识内化为智慧。为什么现在大家反对"教师滔滔地讲，学生静静地听"？就是因为大家怀疑，在这样的教学情境下，学生能真正"静静地"听吗？能否跟随着老师的讲而积极思维？而且老师讲的都是结论性的意见，学生只是单纯地接受，缺乏学生思考的过程。为什么大家批判"应试教育"？就是因为"应试教育"让学生做大量的练习，机械地做题，学生似乎也是在活动，但缺乏积极的思维活动，因而阻碍着学生的发展，抑制了学生的自由成长。

国外学校很少布置机械练习的作业，往往是让学生自己去找问题、查资料，完成一个需要通过思维活动的作业。一个美国华裔学生写了一本《我在美国上中学》，书中介绍高一历史课：这一学期讲 1845 年至 1945 年的世界史，布置的作业是历史文化组合，包含十项内容，即历史事件表、历史人物专访、对历史人物的讣告、对历史人物的颂文、历史电影评论、一本书的书评、史评、一幅历史画的画评、假如历史可以假设、献辞。作业的封面设计有两个要求：一是采用对美国历史的艺术表达形式，二是镶嵌历史名人的名言。这个作业两个月完成。那个学生选择的历史事件是第二次世界大战中的东方战场，访问的历史人物是陈纳德，写的颂文和讣告是宋庆龄。我觉得，这就是学生参与教学活动的生动案例。通过这样的活动，学生不仅自己梳理了 1845 年至 1945 年世界历史事实，而且学会了查阅资料、评论作品、撰写文章，可以说学习了史学研究的方法。

道德教育尤其要让学生在活动中养成良好的品质，体验人生。道德教育的知、信、情、意、行中，行是关键。道德知识是需要的，但知道了还要形成信念。如果教师讲的大道理与实际生活不一致，就会破坏学生的信念，效果适得其反。道德教育的目的是要把道德信念化为行动，也就是要实践，知和行统一起来。学生只有在行动中，也即活动中获得的知识才能形成信念，情感和意志更是要在行动中养成。我们反对道德教育的教条主义、形式主义，就是因为教条主义和形式主义脱离实际，形成不了道德信念和实际行动。我国南宋理学家朱熹主张"慎独"，就是在没有人监督下也能践行自己的道德信念，不是害怕惩罚，也不是为了获得奖赏，而是自觉地遵守道德规则。这是道德的最高境界，这在活动中才能养成。

三、让学生在活动中成长是教育改革的方向

教育中所提倡的因材施教、培养兴趣、发挥特长、把选择权交给学生，都是为了激发学生的积极思维活动，让学生在自己的活动中成长。学校、教师要为学生创造活动的环境，组织学生积极活动，使学生在活动中懂得自己的责任，培养起责任感；在活动中学会与同伴沟通与合作，养成各种社会品质。河南省洛阳市实验小学开展"体验教育实验"，提出"让孩子们在体验中快乐成长"。我觉得这项教育实验很有意义，要让孩子们体验，就要让孩子活动，在活动中体验，在体验中成长。北京十一学校近些年来开展课程走班制和学生自主活动的改革。学生可以根据自己的兴趣和能力选择不同的课程；组织各种社团，开办"银行"、广告公司、咖啡馆、书店、艺术团；自己导演戏剧，组织运动会。活动丰富多彩，学校生机勃勃，学生在自我活动中不仅充分享受到学习的幸福，而且各种能力和品格得到锻炼。事实证明，学生成长在活动中，这是一条重要的教育原则，是教育改革的方向。

当然，学生的活动不是学生自发的，需要有教师来引导、指导和帮助。学校和教师要根据学生的年龄阶段精心设计其活动的环境，引导学生主动地参加。日本小学和初中设有"特别活动"课程。日本《学习指导纲要》规定，特别活动的教育目

的是通过集体活动对学生进行智、德、体和谐发展的教育，发展个性特点并培养作为集体一员的自觉性、主动性与协作精神。各年级每学年 35—70 学时，内容包括班级活动、文体活动、参观远足等。我参观过神户吉住小学，校长告诉我：学校组织一、二年级学生到附近远足，春秋两次，在野外住一天，学生自己搭帐篷、自己做饭；三、四年级到外地奈良远足，住两天，自己集合，没有家长送行；五、六年级叫作"修学旅行"，最远到北海道，要住三天，在那里参观访问。

　　这两年，一本美国教育著作《第 56 号教室的奇迹——让孩子变成爱学习的天使》在我国走红。作者雷夫·艾斯奎斯是美国洛杉矶霍伯特小学五年级的教师。小学所在小区的居民大多是非洲移民，九成学生家庭贫困，社区环境恶劣。但雷夫班里学生的成绩高居全美标准化测验（SAT）前 5%。他创造的阅读、数学、艺术等基础课程深受孩子们喜爱。所以他被授予美国"总统国家艺术奖"、英国女王颁发的"不列颠帝国勋章"、1992 年"全美最佳教师奖"。我认为，他最重要的经验无非两条：一是信任学生，学生也信任他，认为在他身边有安全感；二是组织学生活动，学生一进他的教室，他首先组织学生排演莎士比亚戏剧，每名学生扮演一个角色。学生都有表演的欲望，总想把角色演好，这就培养了学生的责任心、与同伴的合作精神等。在他的教育下，第 56 号教室出去的学生都获得了某些方面的成功。可见活动在学生成长中的作用。

　　家庭教育也是要让孩子活动，要让孩子参加家务劳动，从小养成良好的习惯，由习惯而转化为观念、信念。《教育大辞典》将习惯解释为"经过反复练习逐步养成的不需要意志努力和监督的自动化行为模式……这种行为模式若受到破坏，会产生不愉快感"。习惯不容易改变,好的习惯不容易改变,坏的习惯也不容易改变。因此要从小在活动中培养儿童良好的习惯。例如,一旦养成了节俭的习惯,他长大后见到浪费现象就会感到不愉快。孩子长大一些,要引导孩子参与家庭的管理,如生活的安排、家庭的布置、家庭每月的收支等,让他们逐渐体悟到父母工作的艰辛、每个家庭成员对家庭的责任,学习"当家"的本领。为什么俗话说"穷人家的孩子早当家",就因为穷苦人家较早地让孩子参加家务活动。现在许多家长为了让孩子专心学习书本知识,不让孩子参加家务活动,其实不利于孩子的成长。

学校是学龄儿童学习的主要场所,但不能把学生关在校园内或课堂中,学校要组织学生参加社会实践活动,让学生了解世界、了解社会,并在活动中体验人生,学会与人交往、沟通与合作。这也就是联合国教科文组织在 1996 年《教育——财富蕴藏其中》报告中讲到的,要使学生学会认知、学会做事、学会与人相处、学会发展。总之,学校要创造机会让学生在活动中受到锻炼,在复杂的环境中茁壮成长。

这就是我主张的活动教育。

核心素养：课程改革的原动力[*]

　　学校教育很重要的功能，就是立足学生的终身发展和社会需要，培养学生良好的素养。当今世界各国教育都在聚焦于人的核心素养的培养。素养需要在长期的教育中慢慢养成。为发展学生的核心素养，基础教育学校在课程改革方面要进行三方面的努力。

　　第一，将身心健康放在课程目标的首位。学校教育不能只盯着书本知识，练就一身好体魄是学习的前提。在体育锻炼中要培养学生坚韧、友善、合作、民主、竞争等价值观。今天大力推广的校园足球，其定位既包括强身健体，也包括精神追求、团队意识等。学校教育中，学生良好习惯的养成很重要。习惯养成了，自然就会变为信念。比如，自己整理器材、装备，换衣、换鞋，收拾东西，就是要培养学生独立生活的习惯。小时候学会自己的事情自己干，长大之后就会有自力更生的信念，不会依靠别人。另一方面，要培养学生阳光、乐观的心态。热爱生活，自信、自尊、自强；容纳别人，学会与别人友好相处。几次来到清华附小，每到一处，学生们都会向我和其他教师行标准的鞠躬礼。附小的窦校长说清华附小有三张名片，即"微笑、感谢、赞美"，我想这就是与人相处的礼仪文化，在这样的文化濡染中，学生心态阳光、相处融洽、团结向上。如果我们的学生都能有这样的心态，那么今天社会上的很多悲剧就不会发生。

---

* 原载《人民教育》2015年第13期。

第二，课程教学要培养学生终身学习的能力。学校教育不仅要给予学生必备的知识技能、文化修养，更包括逐步形成终身学习的能力，其中培养学生学习的兴趣很重要。苏霍姆林斯基说，一个孩子到十二三岁还没有自己的兴趣和爱好，做老师的要为他担忧。担心他长大以后对什么都漠不关心，成为一个平庸的人。今天我们中国的学生，学业水平不成问题，但现实中的问题是学生缺乏学习的兴趣，学习变成了完成父母、老师的任务，处于一种被教育、被学习的状态。这样的状态怎能形成终身学习的意愿和能力，怎能培养出创新人才？兴趣往往从好奇心发展而来，学校教育要激发学生的好奇心。好奇心是儿童的天性，功课太重会扼杀儿童的好奇心，为此学校教育要思考该怎样建立一种平衡：在保护好奇心的同时，增强学生的思维意识，培养学生独立思考的能力。在小学教育中要鼓励学生大胆地思考、勇敢地提问。只有会思考、敢提问的学生才能对学习产生兴趣。我在清华附小听了一节科学课，教学的主要内容是"种子的传播方式"。老师在教学中并没有着急地和盘托出，而是先让学生就这个问题展开质疑，然后根据学生的质疑，展开教学。教学的过程就是学生们在自主学习的过程中不断解决自己疑问的过程。我以为，这样的教学方式，非常值得提倡。

第三，课程内容及实施要为学生打下走向社会的基础。人都生活在社会中，这是人的社会性。人在社会中生存和发展，就要了解社会，学会共处，学会改变，适应瞬息万变的社会，解决遇到的各种问题，甚至以自己的创造性才能促进社会的文明和进步。教师特别要关注学生社会情绪的培养，让他们学会尊重别人、与人沟通交流。尤其是当代社会，独生子女很普遍，自我中心意识很强烈，培养孩子的社会情绪，让他们正确处理与他人的关系、增强自我管理能力就显得尤为重要。

清华附小提出的学生发展五大核心素养"身心健康、成志于学、天下情怀、审美雅趣、学会改变"基于本校学生的群体特点，遵循学校"为聪慧与高尚的人生奠基"的办学使命，体现"儿童站在学校正中央"的办学理念，秉承清华大学的思想与精神，体现出学校在立德树人，落实社会主义核心价值观上的自觉追求，深入回答了"培养什么人"的问题。这五大核心素养对国际上公认的关于核心素养的三个方面"人与自我、人与工具、人与社会"都做出了自己的回答。不仅如此，学校还通过"1＋X课程"改革，积极回答基于学生发展核心素养"怎么培养人"的问题。

清华附小的"1＋X课程"改革在学校迈入新百年之际又有了新的跨越。我感到，学校基于学生发展核心素养的"1＋X课程"是从培养完整的人的高度出发，进行的大胆而又稳妥的课程整合的尝试。比如学校的科学阅读课，老师利用汇报，引导学生在阅读中学习科学知识，这就是语文与科学的整合，很新颖，有创新。课堂上老师引导学生学会使用标签、便条，并将这些标签和便条最后整理成表格。学生学会了一种提取信息和整理信息的方法，这种方式可以迁移到学生的其他阅读中。

这让我想到最近芬兰提出的：基础教育要去学科化，强调综合；从现象学的视角研究教育。这符合学生核心素养综合发展的需要。只从学科的角度出发，不利于学生素养的发展。比如，数学原来总是强调其集成性的学习体系，认为不把目前的知识弄清楚，后面的内容就学不会，就像不学代数，那么学线性代数就会很难。但是现代社会的许多知识的学习并不适用这种集成性的体系。目前的教育改革也面临着这样的问题，尤其是在小学教育阶段，必须提高教学的综合性。清华附小"1+X课程"，强调学生的综合发展，提供丰富的选择性和自主性课程，充分满足个性发展需要，符合当今时代的需要。

除了课程设置强调整合，在课程实施上，教师专业领域的整合就显得非常重要。教师要做的不仅仅是让学生学会知识，而是让学生自己去领会新的知识，培养学生的思维能力，让学生勤于问"为什么"，而不仅是牢记现象的结论。比如语文课本发下来，很多学生一两天就看完了，每个学生对于课文都会有自己的想法。老师在语文教学方面，除了要求学生掌握必要的字、词、句之外，还应该让学生将自己悟出的道理讲出来。每个人的悟性不一样，思想不一样，老师应该启发学生的思维，让学生学会思考，这样他会受用一辈子。我一直主张小学老师应该成为全能型老师，更好地整合各学科知识。清华附小的老师正向这个方向努力，并用实践证明自己的转型。我发现在他们的科学阅读课上，学生所获得的远远超越于科学知识、阅读能力，更指向于意识、审美、情感、价值观等方面的综合发展。我认为，清华附小的课程整合，除了展现学生的进步以外，还展现了教师整合素养的提升。

清华附小基于学生发展核心素养的"1＋X课程"改革，对于当下的基础教育课程改革具有价值引领的意义。祝愿清华附小的课程改革之路越走越宽阔，希望所有学校的课程改革都能做出成效。

全社会来共同治理"教育污染"[*]

2015 年 5 月，我有机会访问芬兰，参观了芬兰从幼儿园到大学的整个教育系统，同时和芬兰的很多教育同仁相互交流。芬兰教育质量好，教师水平高，这是众所周知的事情。可是，让我印象最深刻的却是芬兰良好的教育生态环境。安迪·哈格里夫斯（Andy Hargreaves）等学者曾提出，与世界大多数国家强调"标准化考试""绩效""竞争"不同，芬兰走的是"第四条道路"，即信任、创新、专业、民主的发展道路。

芬兰社会高度重视教育，将教育视为人力资源开发和国际核心竞争力提升的国家战略，对教师充分信任。教师不只是政策的最终执行者，被无情地驱动着耗尽自己的教育激情，相反，他们在包容、信任、尊重的社会环境中尽情发挥教育创造的想象力，自觉地、持续地推动芬兰教育的改革和发展。同时，他们鼓励学生自主学习，不断创新，享受学习最本真的快乐。我在与赫尔辛基大学的原副校长、芬兰著名的教育家涅米（Niemi）教授对话时，有人问我如何看待中国教育中的减负问题，我脑海里突然冒出了"教育污染"这个概念，它很形象生动地解释了当前中国教育所面临的困境。

新中国建立以来，我国教育有了很大发展，取得了举世瞩目的成绩，这是毫无疑问的。但现在社会上又对现行的教育制度不满意，朋友聚会都在讨论孩子的教育问题，很多有条件的家长选择将自己的孩子送出国留学，似乎对中国教育丧失了信

---

* 原载《中国教育报》2015 年 9 月 15 日。

心。中国教育的问题究竟出在哪儿？我2014年春节期间12天没下楼，写了一篇7万字的文章《中国教育路在何方》，谈的就是这个问题。应该说，每一个家庭都想让自己的孩子接受优质的教育以获得优质的生活，这是无可非议的，因为教育是社会流动的主要途径，是人们改变命运的重要渠道。2015年5月，联合国教科文组织在韩国仁川举办了世界教育论坛，论坛主题就是"教育改变命运"。教育竞争激烈其实是社会矛盾在教育领域的反映，社会分配不公、就业困难、贫富差距过大、城乡二元结构尚未消除、社会用人制度的学历主义、"学而优则仕"的思想传统、攀比文化、信任危机等，都深刻地影响着学校内部的教育。当然，教育内部也存在很多问题，如我们的教育观念还相对比较落后，人才培养模式相对陈旧，"应试教育"的状况还没有根本改变。一些地方政府、学校和家长只看重升学率，看重考分，破坏孩子自身学习的兴趣和创造力，不顾孩子终身可持续的发展。片面追求升学率是不是可以说是教育领域的"GDP观"。过去我们搞工业，追求GDP，结果污染了环境，现在治理起来要付出很大的代价，北京的雾霾就是典型。如今，以追求"教育GDP"而产生对儿童的危害，是不是也可以称之为"教育污染"？它破坏了学生学习本真的快乐和创造力的发挥，影响了教育培养人、发展人的基本功能，使教育不断异化，如若不及时治理，未来我们的民族、我们的后代恐怕会付出更大的代价。

教育是人类传承文化、培养人才的社会活动，是社会进步、民族振兴的基石，在我国社会主义建设中具有基础性、全局性、先导性的作用。教育更是一个社会系统工程，大家要觉醒起来，要用治理环境污染的觉醒和决心来治理"教育污染"。我认为解决这些问题需要从两方面着手：一是转变教育观念；二是建立完善教育制度，依法治教。

各级政府要转变观念，要把思想统一到中央的精神上来，认真贯彻党的教育方针，把立德树人作为教育的根本任务，不要用升学率、考试成绩来评价学校、评价教师。让教育回归教育本真，全面贯彻教育方针，推进素质教育，使学生得到全面而个性的发展。

家长的观念要转变，不要给孩子预设他的生活和前途，不要拔苗助长，要顺应儿童发展的自然，遵循儿童发展的规律，循序渐进。教师要转变教育观念，树立以人为本、人人成才的观念，热爱每个学生，尊重每个学生，理解和信任每个学生，把学习的选择权交给学生，让学生自主、自动、生动活泼地生活和学习。

政府要改进教育治理方式，简政放权，克服"教育GDP"的观念，明确学校职责，不要把所有社会责任都加在学校身上。

制度要改革，首先要改革评价制度。不以升学率和考试成绩评价学校和教师，把教师从分数中解放出来。这样教师才能放开手脚改革人才培养模式，改进教学方法。

"水仙花"教育学 *

　　每年春节前一个月，福建的朋友就会给我送来几颗水仙花球。这水仙花球犹如洋葱头，起初我并不知道如何处理它。朋友告诉我，要对它进行雕刻，才能出芽开花。于是，我拿起小时候削铅笔的刀来雕刻，一刀下去，发现把包在里面的嫩芽给切断了，懊丧至极，第一次就此失败。反思之后，觉得所谓雕刻，就是把像洋葱头一样的水仙花球中包藏着的嫩芽剥开，把它解放出来。于是，我又小心翼翼地一层一层地剥，叮嘱自己千万不能把嫩芽碰坏。我想这下子可算成功了，就放在书桌上等它开花。谁知道，半个月以后，叶子长得老高，花却开不出来。这一下，我傻了眼，怎么会这样？朋友告诉我，水仙喜冷不喜热，要把它放在寒冷的地方，白天吸收阳光的照射，夜里经受寒冷的考验，只要给它浇点水，不用管它，它就会长得很好。于是，我遵照朋友的指导，把雕好的水仙花球放在花盆里，放到阳台上，每天早上去看看，添点水，看它一天天地长起来。果然到春节时，水仙花就盛开了。

　　于是，每年冬天，我最喜欢的一件事就是等着福建的朋友送来水仙花球。当我雕刻时，一层一层剥下去，露出鲜黄色的嫩芽，觉得很有成就感。看到它一天天生长，最后花朵盛开，更觉得有成功的喜悦。我常常把它拍下来，制成贺卡，分送给我的朋友，一同分享水仙花报春的喜悦。

---

　　* 原载《中国教师》2016年第3期。

　　我在想，我们的教育是不是也应该像养水仙花一样，把儿童固有的潜在能力像剥嫩芽似的挖掘出来，让他自由地发展。儿童的好奇心是天生的，儿童的情感是丰富的，但又是很脆弱的。我们对待儿童要像对待水仙花的嫩芽一下，小心谨慎，不能碰伤他。我们要放手让他自由发展，自由成长，不需要大人的过多干预，不需要过多的雕琢。但今天，我们的教育往往违背这个规律，常常把儿童关在温室里，天天去雕琢他（种种教训和要求），结果开不出成功的花来。

　　让儿童自由发展，并非放任不管，而是要给他提供一个适合的学习环境，并让他在一定的艰苦条件下锻炼。就像水仙花那样，给它适宜的条件——阳光和水，经过寒冷的锻炼，它就会开出美丽的花朵。教师就是阳光和水，天天照看儿童，看到儿童一天天地成长，他们就会充满成就感。

　　我想，这就是教育的幸福！

还体育以本原*

现在一说到体育，就是想到竞赛，谁得了冠军，谁未能得冠军，讲的都是竞技体育。其实，体育本来是健全身心之教育，是全面发展教育的组成部分。大家都知道，身体是人发展的生理基础，身体不好，什么都谈不上。所以毛泽东对青年说："健康第一"。身体健康，其实包括生理、心理两个方面。体育应该加强这两方面的锻炼。竞技体育是必要的，它可以促进体育事业发展，鼓励运动员追求更强、更快、更美、更灵敏。但能够成为运动员的毕竟只是少数人，而且运动员的成长要在大众体育的基础上涌现。为什么拉美诸国足球踢得那么好？就是因为足球在那里很普及，小孩子都喜爱足球，在大众的基础上就会冒出球星来。因此，要在学校中普及三大球，我国三大球才有希望。

对大众来说，体育主要是增强体质。每个人的身体素质是不同的，对体育的爱好也不同。因此，除了最基本的体能要求外，不能用一个标准来要求。所以我反对用"应试教育"的办法来测验学生的体育成绩。

体育不仅锻炼身体的生理机能，还锻炼心理，培养健康的精神世界。体育与德育、智育、美育是分不开的。体育要注意与德育、智育、美育结合起来，培养学生的责任心、进取精神、坚韧不拔的精神、与同伴合作的精神，培养对体育的美感等。有了健康的心理、高尚的精神世界，才是一个真正健康的人。这就是体育文化之所在。

---

* 原载《中国体育报》2015年4月3日。

　　体育锻炼要在青少年时期抓紧，打好身体的基础。到了老年，锻炼就不能太剧烈。我今年已经 85 岁，身体还灵活，走路很轻松。有人问我锻炼不锻炼？我除了每天做做操和散散步以外，基本不锻炼。我不是反对锻炼，而是主张锻炼主要在青少年时期进行。我小时候身体很弱，体育课的成绩并不好。但我喜欢活动，打乒乓球，特别爱踢足球，课后不到天黑不回家。因此我很能走路，我的研究生走路有时都跟不上我。前几年我每年都爬山，后来膝盖韧带走坏了。医生说，老年人不能爬山。所以我这两年才停止爬山。所以我说，青少年要加强体育锻炼，打好生理心理基础，到老也会很健康。这就是我对体育的看法。

人人都需要学习的教育学[*]

每个人都受过教育，每个父母也都教育过自己的孩子，因此对教育，人人都有发言权。当前大众最关心的就是教育，关心自己子女的教育。教育学就是研究教育是什么，如何进行教育的一门学问。人类产生以后就有教育，老一代人要把生存的经验传授给下一代，这就是教育。

一、教育学如何发展为一门学科

研究如何科学地、有效地教育下一代的学问，是人类文明发展到一定阶段才产生的，是一批智者总结了前人的经验归纳出来的。最早的教育论述可追溯到古希腊和我国春秋战国时期。古希腊的苏格拉底、柏拉图、亚里士多德、昆体良等思想家，都在阐明各种社会现象的同时，对教育现象做出各自的解释。

中国最早讨论教育的是孔子，《论语》是他教育学生的记录，里面包含了古代教育思想。以后孟子、荀子等都在他们的著作中论述到教育问题。他们有关教育的论述和思想虽然并不系统，而且散落在其他论著之中，但为教育学的产生奠定了基础。世界上最早的教育学著作要数中国古代的《学记》和《大学》、古罗马昆体良的《论演说家的教育》。欧洲文艺复兴以后，教育学逐渐从哲学中分出来，形成独立的知识体系，逐渐发展为一门独立的学科。17世纪初，英国哲学家培根在《学术的进展》和《智慧之球》等著作中就阐明教育学是"讲述和传

---

[*] 原载《光明日报》2015年4月28日。

授的艺术"。17世纪捷克教育家夸美纽斯从理论上概括了当时欧洲教育的经验，建立了比较完整的教育理论体系。他的著作《大教学论》（1632）被认为是教育学形成独立学科的开始。

把教育学作为一门学科课程在大学里讲授始于德国哲学家康德。他于1776年在德国柯尼斯堡大学的哲学讲座中讲授教育学。在同一时代，特拉普于1779年在哈勒大学就任教育学教授，他的《教育学研究》（1780）是第一本使教育学成为科学的著作。为教育学理论化、科学化做出重大贡献的是19世纪德国教育家赫尔巴特，他先后出版了《普通教育学》（1806）、《教育学讲授纲要》（1835），第一次提出要使教育学成为一门科学，并应在伦理学和心理学的基础上建立科学的教育学。马克思主义的诞生，为教育学的科学化开辟了新的道路。马克思主义哲学为科学教育学的建立奠定了科学世界观和方法论基础。马克思、恩格斯还论述了教育与生产力、生产关系的关系，批判资产阶级教育，论述人的全面发展、教育与生产劳动相结合等教育重大问题，为教育的本质的认识提供了科学根据。

中国虽然在孔子时代就有关于如何给下一代实施教育的思想和论著，但作为一门科学的教育学是从西方传播过来的。最早传入的就是赫尔巴特教育学派，是20世纪初从日本传过来的。有王国维译、立花铣三郎讲授的《教育学》（1901）和牧濑五一郎著的《教育学教科书》（1902）。随后，西方的其他教育学说和著作也就陆续地传入中国。20世纪20年代又传入了杜威现代教育学派。1919—1921年杜威应他的学生胡适、陶行知、蒋梦麟等之邀，来华讲学达两年零两个月，介绍他的进步主义教育理论。赫尔巴特教育学派以传统教育著称，强调以教师为中心、课本为中心，强调对学生的严格管理。杜威的现代教育学派则强调以儿童为中心，以儿童的经验为基础，主张教育即生长，学校即社会。这两派教育思想对我国教育都产生了重要的影响。新中国成立以后，我们向苏联学习，引进了凯洛夫主编的《教育学》，这本《教育学》的理论实际上继承了传统教育学派的教育思想，强调学科的系统性和基本知识、基本技能的学习和掌握。改革开放以后，大量的西方教育思想流派和课程改革的理论传入我国，使我国教育思想呈现多元化的趋势。

二、教育学日益分化，形成教育学科群

19世纪末，随着自然科学和社会科学的分化和发展，各种不同学科展开对教育问题的研究，出现了具有不同价值取向和采用不同研究方法的教育学科，教育学日益分化，出现了各种教育学，形成了教育学科群。以各级教育为对象，出现了各级各类教育分支学科，如学前教育学、初等教育学、中等教育学、职业技术教育学、高等教育学等；以教育过程本身为对象，出现了课程论、教学论、德育论、学科教学论、教育心理学、教育技术学、教育评估与测量、教育管理学等；以教育发展的历史和各国教育的比较为研究对象，就有中国教育史、外国教育史、比较教育等；以研究方法和价值取向来分，就有教育学与其他学科的交叉学科，如19世纪初期产生了教育哲学，19世纪随着社会学的发展产生了教育社会学，20世纪60年代产生教育经济学，还有教育法学、教育人类学等交叉学科，形成了一个教育学科群体。教育研究工作者已经不能像20世纪以前那样统领所有教育理论，只能研究一个教育学分支学科的理论。

三、教师教育体系不断发展变化

教育大计，教师为本。各国都重视教师的专业培养，因此就出现了师范教育。世界上最初的师范教育机构是 1681 年法国拉萨勒（La Salle）创办的教师训练所。之后欧洲多国建立了相似的机构。1794 年巴黎师范学校正式成立。随着教育的普及，各国在 19 世纪都办起了师范学校。第一次世界大战以后，随着义务教育年限的延长和对教师学业水平提高的要求，欧美一些国家的师范学校陆续升格为师范学院。20 世纪中期由于同样的原因，许多发达国家把师范学院并入大学或文理学院。于是师范学院就出现了两种类型：一种是教师在专门的师范学院定向培养，称为封闭型师范教育体系；另一种是先在大学本科学习，毕业后到大学的教育学院学习教育理论和参加教育实习，考试合格后成为教师，称为开放型师范教育体系。但不管什么类型培养教师，师范生都需要学习教育学，了解教育法则和方法，养成教师应有的品质。

我国师范教育起步较晚，但起点较高。第一所师范学校是 1897 年盛宣怀在上海创办南洋模范学校的师范馆。1902 年京师大学堂设立师范馆，这是北京师范大学的前身，是我国高等师范教育的肇始。新中国成立后，我国学习苏联，建立了培养幼儿园教师和小学教师的中等师范学校、培养初中教师的高等师范专科学校、培养高中教师的师范学院和师范大学，还有各级教师继续教育的教育学院和进修学校的一整套师范教育体系。随着我国教育的普及和发展，1999 年开始进行师范教育的改革，提出采取开放型的教师教育体系，即其他大学也可以培养教师，通过教师资格证书考试成为教师。同时为了提高小学教师的水平，中师升格为师专或撤销。这次改革缺乏科学论证，冲击了师范教育体系。许多师范院校转化为综合性大学，而综合大学和其他高等学校并没有参加教师的培养，从而使师范教育资源大量流失。特别是中等师范学校的撤销，严重地削弱了小学教师的培养。原来的中师都提前招生，生源都是初中毕业的优秀学生，而现在师专招来的新生却是高考第三批录取的。再加上高中毕业生可塑性不如初中生，不能适应小学教师需要知识面宽广、能歌善舞的要求。现在许多师范院校设立小学教师本科专业，学历是提高了，但如何培养，值得研究。

四、教育学是教师教育专业的必修课

师范生通过学习教育学，了解教育规律和法则，了解儿童青少年成长发展的规律，掌握教书育人的本领。高等师范教育的专业，除教育学专业学习教育学科的专业知识外，一般都是按照中学的课程科目设立的，如设有中国语言文学、历史、政教、外语、数字、物理、化学、生物、地理、教育技术（信息技术）、体育、音乐、艺术等，有的院校设有学前教育专业、小学教育专业、特殊教育专业。不论哪一个专业，都要学教育学、心理学、学科教学论（包括学科课程理论、课程标准、教材、教学方法），都要进行教育实习，使学到的学科知识和教育理论能够运用于实际。教育学必修课主要学习教育科学的基本理论，学生也可以选学教育学科群中的其他学科。

学习教育学，首先解决教育观念问题，树立正确的教育价值观、人才观、学生观等。《教育规划纲要》提出，"教师要树立全面发展观念，努力造就德智体美全面发展的高素质人才。树立人人成才的观念，面向全体学生，促进学生成长成才。树立多样化人才观念，尊重个人选择，鼓励个性发展，不拘一格

培养人才。树立终身学习观念，为持续发展奠定基础。树立系统培养观念，推进小学、中学、大学有机衔接。"

学习教育学，要让师范生正确认识教师职业和特点，树立献身教育事业的理想，养成高尚的师德，热爱每一个学生、相信每一个学生、尊重每一个学生。

学习教育学，使师范生掌握教书育人的技能，掌握课程标准的要求和教材的内容、本质，学会整合各种教育资源，学会设计适合学生学习的教学设计方案；学会与学生交流沟通，了解和研究学生的情况，因材施教；等等。

五、家长也要学点教育学

家庭是学生生活的主要场所，父母是第一任老师。婴儿呱呱坠地，首先接触的是父母，向父母学习表情、语言。因此家庭教育特别重要。儿童0—3岁养成的习惯一辈子忘不了。可是，当前家庭教育中存在许多认识误区。

误区之一，过早地、不加区分地要求孩子学习知识。儿童成长有一定的阶段性，超越儿童发展的阶段性，不仅不能促进儿童的成长，反而会损害他的成长。我国古时候就懂得这个道理，即不能"揠苗助长"。

误区之二，只重视孩子知识的增长，忽视人格的培养。现在幼儿园小学化的倾向十分严重，许多家长都要求幼儿园教识字、教数学，不注意儿童行为习惯和人格品德的养成。其实幼儿时期儿童的可塑性最大，从小培养他们良好的行为习惯和人格品德可以受用一辈子。有的家长说："为了孩子将来的幸福，只好牺牲童年的幸福。"其实，如果缺乏健全的人格，没有童年的幸福，也不会有将来的幸福。

误区之三，认为学习越多越好，练习越多越好，因此买许多课外辅导材料，上各种补习班，把孩子的所有时间都占据了。其实，学习是有规律的，有方法的。关键是要教会学生学习，能够理解学习的基本概念，掌握学习的基本方法，就能举一反三。

误区之四，不知道怎样爱孩子。有的父母对孩子溺爱，满足孩子所有要求，造成孩子以自我为中心的心理；有的父母对孩子过于严厉，甚至施用暴力，以为这都是为了孩子，其实这都不符合教育规律，容易让孩子形成扭曲的性格，不利于孩子健康地成长。所以，我建议，家长要学点教育学，懂得儿童青少年成长的规律，掌握科学的育儿方法，配合学校，共同把孩子培养成才。

▶▶▶

后记

　　2013年我总算完成了《中国教育大百科全书》的编撰工作，与池田大作的对话录《和平之桥：畅谈人间教育》中文版也于2014年初面世。我想，我应该搁笔了。我已是耄耋之年，视力又不好，无法阅读现在浩瀚如海的书，也没有什么新思想。我对自己说，搁笔吧，不再写作了。但是最近一个时期，无论在亲友的餐桌上，还是在朋友的聚会上，教育总是最热门的话题，有说不完的问题和意见，我不由地又有了写作的冲动，想把我想到的意见写出来，供大家参考也好，批判也好。总之，我搞了一辈子教育，肚子里有许多话，想一吐为快，于是利用2014年春节期间写了《中国教育路在何方》这篇东西。这不是学术论文，是一次漫谈，是讲讲教育的故事。其实这些内容早已有之，在过去的拙文中都写到过，这次只是稍为系统化一些而已，没有什么新内容，唱的还是老调子。该文近8万字，由《中国教育科学》2014年第3辑首发，后经压缩修改转载于《课程·教材·教法》2015年第3期，《新华文摘》2015年第13期又全文转载。其他报刊和网站也纷纷转载或摘要刊发。为了进一步满足读者需要，人民教育出版社决定于世界比较教育大会在中国召开期间出版该文的单行本。本书上编是这篇长文，下编是我最近几年发表的与中国教育改革直接相关的文章。我对所有文稿又多次校阅，进行了一定程度的修改完善，并增加了一些图片。希望大家继续批评指正。

顾明远

2016年8月